Dietmar Lamprecht
Die Stadt auf dem Berge

[redacted]

[redacted]

Dietmar Lamprecht

Die Stadt auf dem Berge

Franziskus, Assisi und unsere Zeit

Vandenhoeck & Ruprecht in Göttingen

Dem Gründer und Leiter des
Centro Ecumenico Nordico
in Assisi
Pater Agostino Lundin, ofm.
seinen Mitarbeitern
und allen Freunden
dieser ökumenischen Begegnungsstätte.

CIP-Kurztitelaufnahme der Deutschen Bibliothek

Lamprecht, Dietmar
Die Stadt auf dem Berge: Franziskus, Assisi u. unsere Zeit.
Göttingen: Vandenhoeck & Ruprecht, 1976.

ISBN 3-525-63335-1

Gesamtherstellung: Clausen & Bosse, Leck

Inhalt

Die Apostel sowohl wie Augustinus, Franziskus, wie Luther oder Blumhardt lebten in ‹letzter› Zeit. Kraft des Wissens vom Ende und vom Seufzen alles Geschaffenen nach Erlösung kann das Leben des Christen zur franziskanischen Hochzeit werden wie die Geburt zu Bethlehem die kosmische Hochzeit des Erlösers war. Denn die Erdendinge, die Tiere im Stall, Holz und Heu, Wasser und Feuer für das All, das über der Krippe flammt. Es ist nur eine Liebe, und sie ist über allem, weil sie nicht vom Stoff des Kosmos ist. Bricht sie hindurch? . . .

Die Liebe hat nur einen Weg: es ist die Bruderschaft mit allem Geschaffenen, die Hingabe in Freiheit, das Hervorbrechen aus allen Gefängnissen der Erde. Die Liebe verteidigt sich, indem sie sich opfert. Wenn aber nun die Botschaft des Heiligen von Assisi – es ist eine Botschaft durchaus an uns alle – wirklich verstanden werden würde, müßte sich dann nicht alles verändern? Nicht allein die Menschen sind Brüder in Jesus Christus; sie sind auch Brüder der Tiere, Brüder der Elemente. Das Feuer ist Bruder, und mit ihm sind alle Mächte des Kosmos als Brüder angeredet. ‹Ärgere das Feuer nicht.› Es ist ein vielleicht nie verstandenes, gar ein belächeltes Wort des Heiligen von Assisi, den viele Zeitgenossen für einen Narren oder Schwachsinnigen hielten; und es ist doch eines seiner ernstesten und tiefsten; es trifft uns unmittelbar. Denn wir sind Verwalter des Feuers vor dem, der es schuf. Wir haben nicht allein uns zu verantworten, sondern die Schöpfung selbst und nicht allein in Taten, sondern auch in Worten und Gedanken. Wir sind Brüder der Elemente in Christus, und wie Kain und Abel gefragt wurde, werden wir nach allen unseren Brüdern gefragt werden. Hier könnte Christentum aufbrechen, das von wenigen gelebte noch immer unentdeckte.

Reinhold Schneider

FRANZ VON ASSISI

Eine Einführung von Gerd Heinz-Mohr

I. «Ein schönes Leuchten . . .»

«Leuchtend wie das Frührot und wie der Morgenstern, ja wie die aufgehende Sonne die Welt mit glühenden Strömen des Lichts überflutet zu ihrer Fruchtbarkeit, so erschien Franz in seinem Aufbruch gleich einem neuartigen Licht. Beim Aufgang dieser Sonne lag die Welt gewissermaßen in winterlichem Frost erstarrt, in Finsternis und bar des Lebens. Sein Wort und seine Taten waren wie ein schönes Leuchten: die Wahrheit strahlt, die Liebe flammt, die Jugend, vieler Verdienste Mutter, hat eine Kraft zur Weckung neuen, schöneren Lebens. Wie ein Garten mit mannigfaltigen fruchtbeladenen Bäumen erblühen die drei Genossenschaften, die er gegründet (die Bruderschaft der Minoriten, der Schwesternorden der Klarissen und die Laiengenossenschaft der Buße, der Dritte Orden). Welch eine staunenswerte Fruchtbarkeit! Es war wie der Einzug des Frühlings in die Welt!»

So heißt es in der Einleitung zur «Legende der drei Gefährten» von 1246, der ältesten Legendensammlung um den ebenso umbrischen wie ökumenischen Heiligen. Es spricht nicht gegen die Wahrheit dieser hymnischen Worte und gegen das gesamte Lebenswagnis des heiligen Franz, daß auch der hier beschriebene Frühling nicht Frühling blieb, daß das «Schema der Welt» auch diesen epochalen Aufbruch in der Geschichte der abendländischen Christenheit stark einebnete. Menschen des 20. Jahrhunderts, Menschen aus dem kühleren, in Gefühlen zurückhaltenderen Norden und besonders auch Menschen aus der Tradition der deutschen Reformation werden viele Ereignisse vergangener Kirchengeschichte anders, im ganzen wohl auch kritischer und distanzierter sehen als noch heutige Italiener. Aber sie werden, wenn sie nicht ununterrichtet bleiben wollen, in vielen Fällen auch ihr reichlich schematisches Geschichtsbild revidieren müssen, in dem das Mittelalter noch immer dunkel erscheint.

«Ein schönes Leuchten . . .» Der Nimbus um das Haupt der Heiligen – zunächst von dem Symbol der Ostersonnenscheibe auf Bildern des auferstandenen Christus übernommen und denen beigegeben, die sich ganz allgemein durch ihr Lebenszeugnis als zu ihm gehörig auswiesen, später auf besonders exemplarische Personen eingeschränkt – hat ja an sich schon etwas mit dem adventlichen Lichteinbruch über denen zu tun, die im finsteren Lande dieser Erde wohnen. Er kann aber auch zu gefährlicher Absonderung führen. Genau so nämlich, wie man sich dem Anspruch eines exemplarischen Lebens entziehen kann, indem man es nivelliert, Schwächen aufsucht und schließlich zur eigenen Beruhigung sagen kann, es sei eigentlich «gar nichts Besonderes» gewesen, kann man sich dem Appell eines Heiligen auch dadurch entziehen, daß man ihn ins Außerordentliche überhöht, zur Höhe der Altäre und Kirchenfenster erhebt und auf diese Weise entschärft, indem man ihn für unnachahmbar erklärt. Beides geschieht mit Franz von Assisi, das erste vielleicht stärker im Norden, das zweite auffallender im Süden, besonders in Assisi selbst. Und doch! Von den nüchternen Ergebnissen sorgfältiger Geschichtsforschung an bis zu den geistlichen Nachwirkungen, wie sie etwa noch in dem kurz vor dem Ersten Weltkrieg entstandenen Gebet «Herr, mache mich zum Werkzeug deines Friedens» spürbar sind, bis schließlich auch zu der Faszination, die der arme Heilige aus Assisi heute noch auf ernsthafte Christen jeder Konfession und jedes Alters auszuüben vermag, wird eine Leuchtspur von Erdentagen sichtbar, die sehr kurz und doch völlig erfüllt und zielträchtig waren.

II. Zeit und Leben

Um diese Erdentage richtig würdigen zu können, muß man etwas von den Zeitverhältnissen wissen: von der Macht und Angefochtenheit der abendländischen Kirche im Hochmittelalter, von dem zugleich religiösen und politischen Aufruhr gegen die päpstliche Autorität, von den «Armen von Lyon» und den weit verbreiteten Albigensern ... Im Jahre 1203 war ein Albigenser Podestà von Assisi! Und über Assisi erhob sich auf der Rocca maggiore eine deutsche Zwingburg, wie sie später in ihrer psychologischen Bedeutung durch Schillers «Wilhelm Tell» anschaulich gemacht wurde. 1198 hatte ein Aufstand der Bürgerschaft von Assisi gegen den verhaßten kaiserlichen Statthalter, Konrad von Lützen, der zugleich Herzog von Spoleto war, diese Burg in Trümmer gelegt. Man muß ferner etwas wissen von dem ungeheuren Einschnitt, den der Übergang von der Naturalwirtschaft zur Geldwirtschaft gerade für das einfache Volk bedeutete, von den heftigen Kämpfen zwischen dem alten Feudaladel auf der einen und dem aufstrebenden Bürgertum – dem Besitz- und Geldbürgertum des Handels – sowie den regelrechten Proletariern auf der anderen Seite.

Franz, 1181 oder 1182 als Sohn des reichen Tuchhändlers Pietro di Bernadone geboren, führte zunächst das Leben eines reichen Bürgersohnes seiner Zeit, dachte eine Zeitlang an die kämpferische Ritterlaufbahn und erkannte schließlich in schwerer Krankheit, daß seine Berufung nicht im

Kampf mit den Waffen lag. Er trennte sich von seiner gewohnten Lebensweise und Umgebung, wanderte umher, baute zerfallene kleine Kirchen wieder auf, pflegte Aussätzige, suchte in beständigem Gebet Lebensorientierung und vernahm dann in der verlassenen ländlichen Kirche von San Damiano die deutliche Berufung in die Nachfolge Christi. Nun entschied er endgültig über sein Leben, verzichtete öffentlich auf Geld und Güter seines Vaters, legte eine armselige braungraue Bauernkutte an und zog Buße predigend im Lande umher. Der armselige Prediger und verrückte Armutskünstler wurde zwar ausgelacht, fand aber in auffallend kurzer Zeit überzeugte Jünger. Die Regeln, die er seiner Bruderschaft gab, faßten namentlich das Gelübde der Armut viel strenger als die aller bisherigen Orden.

Inmitten von höhnischem Zweifel, ja auch von Verfolgung, breitete sich diese glühende Botschaft des Friedens, der Zuneigung und der karitativen Verantwortung rasch und überzeugend nicht nur in Italien, sondern auch im ganzen Mittelmeerraum und nördlich der Alpen aus. Die Missionsreisen, die Franz und seine Brüder nach dem Nahen Osten unternahmen, gehören zu den frühen und wichtigen Kapiteln christlicher Mission, besonders auch in die Geschichte des Dialogs mit dem Islam.

Franz selbst wechselte immer wieder zwischen dem Einsiedlerleben und dem Einsatz «mitten in der Welt» ab. Auch die Brüder spürten die Notwendigkeit, ab und zu in die Einsamkeit zu gehen und geistlich aufzutanken. So entstanden die ersten franziskanischen Klöster, die in Wahrheit keine waren: in Portiuncula eine Sammlung von Hütten, mit einem Zaum umgeben, im Eremo delle carceri und anderswo einige Felsenhöhlen. Aus den Vorschriften und Erfahrungen dieses Lebens in der Spannung zwischen «Welt» und «Wüste» kann auch der heutige Christ Wesentliches lernen.

Auch viele Frauen wurden durch das franziskanische Beispiel angezogen. Durch das leidenschaftliche und hartnäckige Engagement der jungen Klara bildete sich der Zweite Orden, der der Klarissinnen. Da aber auch Menschen, die bereits verheiratet waren oder auf jeden Fall eine Familie gründen und einen bürgerlichen Beruf ausüben wollten, der neuen Gemeinschaft anzugehören wünschten, gründete Franz den sogenannten Dritten Orden – eine ausgesprochen revolutionäre Neuheit.

1224 empfing Franz auf dem Monte della Verna, inmitten der kahlen Felsen zwischen Tiber und Arno, die Wundmale Christi und wurde so der erste Stigmatisierte der Christenheit. Das nahm ihn verständlicherweise auch körperlich sehr mit. Auch litt er infolge der Unterernährung an Verdauungsstörungen und an Wassersucht. Außerdem quälte ihn ein trotz verschiedener Operationen und Ätzungen unheilbares Augenleiden; ständig mußte er die tränenden Augen mit einem Tuch wischen. Schließlich war er fast blind. Allmählich fühlte er den Tod nahen. Nach Assisi zurückgekehrt, schrieb er 1225 in einem Zuge seinen Sonnengesang nieder, eines der großen Gedichte der Menschheit und eine der gewaltigsten Hymnen der Christenheit. Dann starb er am 3. Oktober 1226, 44 Jahre alt, nackt auf der nackten Erde der Portiuncula. Trotz all dieser Leiden war sein Leben von Freude durchwirkt, ein in aller Anspruchslosigkeit weit auf Gott hin geöffnetes und damit reiches Leben, dem alles Seiende zur Botschaft Gottes wurde, der er mit Dank und Jubel antwortete.

III. Bedeutung

Was ist das Neue, das Franz dem frühen 13. Jahrhundert bringt und das er seitdem der Christenheit weitergibt? Daß es einem Menschen nicht erlaubt ist, in Passivität, Quietismus und Bequemlichkeit Gottes Wasser über Gottes Land laufen zu lassen und sich mit allem Unrecht und Elend in der Welt abzufinden und in dem Gedanken zu trösten, Gott werde zu seiner Zeit schon für einen neuen Himmel und eine neue Erde sorgen. Er hat – gewiß auf eine höchst extreme, sich und andere radikal fordernde Weise – zur Erfüllung und Fülle des Lebens, zur Praxis des Reiches Gottes hier und jetzt aufgerufen. Die Welt kann dieses Zeugnis nicht wieder vergessen. Sie muß sich ihm immer neu stellen. Und mehr oder minder deutlich wirkt es in den Scharen der Unzähligen, die zu den Gedenkstätten des heiligen Franz pilgern.

Die Bedeutung dieses Mannes läßt sich unter folgenden Aspekten skizzieren:

1. Ein exemplarisches Auf-Gott-hin-Sein in Dialog und Gehorsam, das daher ein Sein durch Gott und ein Sein von Gott her ist, – womit betont sein soll, daß es aus diesem Grunde alles Seiende, Menschen und Dinge, umfaßt. So leuchtet Himmel auf Erden um diese schmächtige Gestalt.

2. Eine wache Erkenntnis der gesellschaftlichen Situation und Sorge um die in ihr besonders Gefährdeten, Entrechteten und Armen. Franz stand sein Leben lang an der Seite der minori, der Geringen. Jeder Arme ist ihm wie ein Anruf. So wird Franz dem, der ihm begegnet, zu einem Christus.

3. Ein neues, geöffnetes und verantwortliches Verhältnis zur Natur, zu den Geschöpfen überhaupt. Hier wurde die aus dem römischen Recht stammende Betrachtung der Geschöpfe als Sachen im Sinne der Bibel überwunden. Die Schöpfung war für Franz nicht mehr nur Dekoration. In seiner ganz unreflektierten Naturverbundenheit empfand er jedes Geschöpf unmittelbar als ein Wort von Gott. So hat er früh und intensiv des «Lied, das in allen Dingen klingt» (Eichendorff), vernommen und verdolmetscht.

4. Sein in der Sache so entschiedener Weg war durch persönliche Demut gekennzeichnet. Vielleicht ist der Mensch heute mündiger; sicher kann er nicht in die Welt des Mittelalters zurück. Aber würde ihm nicht eine offenere, realistischere Einsicht in seine wahren Möglichkeiten zu größerer Freude und Zufriedenheit helfen? «Werden wie die Kinder» im Sinne des Neuen Testaments bedeutet ja eben nicht Selbstüberschätzung und Leistungsdruck als Rechtfertigung durch Arbeit, sondern Bejahen der Tatsache, daß wir alle, Alte und Junge, das Wesentliche unseres Lebens empfangen dürfen, ohne es erleisten zu müssen.

5. Freiheit durch Armut. Um den Armen zu dienen, nahm Franz nicht nur von jeglichem Besitz Abstand; er forderte auch, daß seine Brüder den Ärmsten gleich werden sollten (daher hießen sie fratres minores, mindere Brüder) – Arme, um den Armen zu dienen. Es ist erschreckend, wie die Angehörigen heutigen Besitzbürgertums aus jeder Balance geraten, wenn Einkommen und Besitz plötzlich gefährdet erscheinen. Hier wäre ein nüchterner Abstand von den Dingen, die einen besitzen, während man sie zu besitzen scheint, um der inneren, tragenden Ausgeglichenheit willen höchst aktuell wünschenswert. Wer diesen Abstand nehmen kann, lernt dankbar sein, geht nicht in den Dingen auf, findet nichts mehr selbstverständlich.

6. Eine lebendige, die Gegenwart bestimmende Eschatologie. Kurz vor 1200 hatte der kalabrische Abt Joachim von Fiore den bevorstehenden Beginn des Zeitalters des Heiligen Geistes verkündet. Als nun Franz von Assisi auftrat, galt er vielen als derjenige, der die neue Zukunft heraufführe. In der Tat bezeichnet das mit ihm anhebende Jahrhundert eine sichtbare Wende der christlichen Geschichte. Aber auch den Fortschritt von damals kann man nicht zementieren, weil man den Heiligen Geist nicht einmauern kann. Es lohnt sich auch heute, mit all der Freudigkeit und Selbstlosigkeit, die

Franz von Assisi kennzeichneten, darüber nachzudenken, was es in der Gegenwart für die christliche Kirche bedeuten könnte, daß sie an den Heiligen Geist glaubt, der in alle Wahrheit führt und uns nicht beruhigt auf einem Status quo ausruhen läßt. Wach sein, auf «die Stunde» hin offen sein, die unsere horizontale Geschichte durchkreuzt, auf das Gewaltige gefaßt sein, das Gott mit dem Menschen vorhat – Es geht um die «Begeisterung» im wörtlichen Sinne als eine Sicht der Letzten Dinge, die den vorletzten Dingen ihren Ort und Wert gibt.

Der Rückblick auf Franz von Assisi kann in seinem Sinne immer nur ein Ausblick sein.

ZUR ORIENTIERUNG

Über Franziskus und seine Stadt sind unzählige Bücher geschrieben worden. Gelehrte und Dichter, Christen verschiedener Konfessionen und Nichtchristen, gekrönte Häupter und schlichte, längst vergessene Ordensleute haben sich im Laufe der Geschichte zum Thema geäußert. Auf einige Bücher aus neuerer Zeit weise ich unten noch hin, weil man sich nach ihnen gut ein Bild machen kann.

Das vorliegende Buch ist entstanden, um suchenden Menschen eine Hilfe zu geben, ihr Leben neu zu überdenken. Ausgelöst wurden meine Überlegungen durch in Assisi gewonnene Erfahrungen. Dabei geht es mir weder um eine Lebensbeschreibung des Franziskus (in Kurzform ist sie allerdings am Schluß zur Orientierung angefügt) noch um eine Darstellung franziskanischer Theologie; es geht mir letztlich weder um Landschaft noch um Kunst; es geht mir um die Freude und die Herausforderung, die von dieser Stadt in ihrer Besonderheit heute noch ausgehen können.

Die Freude und die Herausforderung sind, formal gesehen, charakteristische Kennzeichen reformatorischer Strömungen in der Kirchengeschichte, nicht zuletzt die der klassischen Reformation in Deutschland. Bei Franziskus und Luther liegen ähnliche Erfahrungen zugrunde. Beide wurden überwunden von der Gewalt göttlicher Zuwendung. Diese Gewalt hat sie geprägt und in ein neues Existenzverständnis geführt, ein gehorsames Leben. Dem genauen Hören auf das göttliche Wort entspricht die Freude. Der Freude entspricht die Herausforderung, sich evangeliumsgemäß zu verhalten.

Während Franziskus seinen Weg linear beschritt und in bestechender Einfachheit Gottes Zuwendung anschaulich werden ließ, hat er als Laie die großen theologischen Auseinandersetzungen gescheut, um zur Praxis überzugehen.

Die Reformation in Deutschland verlief dagegen mehrdimensional. Martin Luther versuchte als Theologe alle Bereiche des öffentlichen Lebens mit dem Geist des Evangeliums zu durchdringen, damit die Zuwendung Gottes überall anschaulich werde. Es ist unbestritten im 16. Jahrhundert dieser akademisch-theologische Ansatz weitgehend im Volke konkret geworden. In der Folgezeit aber bis heute hat die Sorge um die ‹Reinheit der Lehre› in den evangelischen Kirchen einen unangemessenen Vorrang vor dem im Alltag zu praktizierenden Glauben eingenommen. Wie bei Franziskus notwendige theologische Erörterungen ausgeblieben sind zu Gunsten einer Hinwendung mitten in die Nöte der Welt hinein, so ist bei Luther die Sorgfalt um die Heilige Schrift so ausgeprägt, daß in der Folgezeit das diakonische Wesen der Kirche und ihrer Glieder oft nicht scharf genug gesehen wurde. Dabei verstehe ich unter einem diakonischen Leben das Christsein als Lebensausdruck.

Es soll hier nicht gewertet werden. Aber es scheint die Zeit gekommen, in der Christen verschiedener Konfessionen mehr voneinander lernen als bisher. Wer sich über konfessionelle Grenzen hinauswagt, macht für sich und sein Leben weitreichende Entdeckungen. Davon will ich berichten.

Zuvor gebe ich aber noch einige Lesehinweise:

Um über Franziskus mehr zu erfahren, empfiehlt es sich, zu den Quellen zurückzugehen. Otto Karrer hat im Manesse-Verlag ein Quellenbuch herausgegeben: *Franz von Assisi · Legenden und Laude*. In diesem Band sind alle Schriften zusammengestellt, die zu den Quellen gerechnet werden: die Drei-Gefährten-Legende, die Aufzeichnungen des Thomas von Celano, die Berichte des Bruders Leo und die erste kirchlich autorisierte Zusammenstellung von Bonaventura, der eine Generation nach Franziskus den Orden leitete. Ebenso finden sich in dem Band die Fioretti, die volkstümliche Überlieferung aus den Anfangszeiten, sowie die authentischen Texte des Franziskus. Wenig genug hat er selber aufgezeichnet. Der schriftliche Nachlaß enthält seine Regel, den Sonnengesang, einige Predigten, Ansprachen, ein paar Briefe, daneben noch einzelne Gebete, Schriftauslegungen und Fragmente. Diese Quellenschriften sind versehen mit wissenschaftlichen Einleitungen und bilden eine unerläßliche Voraussetzung sachlicher Information.

Einen historisch-geistesgeschichtlichen Überblick über die Entwicklung der franziskanischen Bewegung von den Anfängen bis heute vermittelt die Bild-Monographie von Ivan Gobry aus dem Rowohlt-Verlag, *Franz von Assisi.* Wer über die Quellen hinaus einen Eindruck gewinnen möchte, wie weltweit diese Bewegung in der Kirche und darüber hinaus wirkt, der greife zu diesem Büchlein, das übrigens auch Illustrationen und mancherlei Zeugnisse von Schriftstellern und Dichtern der neueren Zeit enthält.

Wer den zeitgeschichtlichen Hintergrund des 13. Jahrhunderts besser verstehen möchte – und auch das gehört ja zu einer sorgfältigen Betrachtung, weil wir nicht Verhältnisse aus Zeit und Umwelt des Franziskus unberücksichtigt lassen können – den weise ich auf die ebenfalls im Rowohlt-Verlag erschienene, von Herbert Nette zusammengestellte Bild-Monographie hin, *Friedrich II. von Hohenstaufen.* Dieser Band enthält so gut wie nichts über Franziskus, aber die Zusammenstellung lehrt uns verstehen, wieso Franziskus gerade diesen seinen besonderen Weg der Nachfolge Jesu Christi einschlug.

Franziskus versuchte sein ganzes Leben hindurch, die Liebe Gottes anschaulich zu machen. Er war der erste, der das weihnachtliche Geschehen anschaulich in einem Stall darstellte. (Seitdem gibt es Weihnachtskrippen). Es ist darum nicht verwunderlich, daß das Bildhafte einen breiten Raum einnimmt, wobei die Landschaft, die er durchwanderte, die Stätten, an denen er weilte, ganz und gar mit ihm und seinem Weg in eins gesehen werden. Walter Nigg hat im Herder-Verlag einen Bildband herausgegeben, *Der Mann aus Assisi*. Hier sind in einer ansprechenden Weise Berichte aus den Quellenschriften der Landschaft zugeordnet. Ein hilfreicher Aufsatz ist vorangestellt, die Bilder sind hervorragend. Das Buch verbindet die Schönheit der Landschaft mit dem Entzücken des Franziskus, das ihn zu einer der liebenswürdigsten Gestalten der Kirchengeschichte machte.

Aber die Landschaftsbilder, und die Stätten, an denen franziskanisches Leben seit Jahrhunderten lebendig ist, sind nicht die einzigen Bilder in Assisi. In Assisi finden sich unzählige Fresken in verwirrender Vielfalt. Leider kann der kirchenbildentwöhnte Mensch der Neuzeit solche Bilder nicht mehr lesen. Die Bilder aber sind zum Lesen gemalt und nicht aus ästhetischen Gründen. Alle Bilder in Assisi stehen im Dienste der Verkündigung. Eine andere Berechtigung haben auch die Bilder in der vollständig ausgemalten Doppelkirche von San Francesco nicht.

Der Betrachter ist etwas hilflos und schnell ermüdet, wenn er sich dieser Bilderfülle gegenübergestellt sieht, weil er nur weniges, und das nur vordergründig, entschlüsseln kann.

Der Franziskanerpater Gerhard Ruf, wahrscheinlich der beste Kenner der Fresken in ihrem theologischen Zusammenhang, hat in Assisi einen umfangreichen Bildband herausgegeben, *Franziskus und Bonaventura*, mit dem Untertitel: ‹Die heilsgeschichtliche Deutung der Fresken im Langhaus der Oberkirche von San Francesco in Assisi aus der Theologie des Heiligen Bonaventura.› In diesem Buch wird die Beziehung der Bilder und Bildzyklen untereinander so deutlich vor Augen geführt, daß das dahinterstehende theologische System sichtbar wird. Wird dieses System erkannt, dann kann man auch wissen, welches Bild auf den Feldern gemalt gewesen sein mußte, die nicht mehr erhalten sind. Giotto und seine Schule haben die Theologie des Bonaventura, genauer gesagt: die Einordnung des Franziskusereignisses in den Gesamtzusammenhang von kirchlicher Lehre, bildlich dargestellt. Der mittelalterliche Mensch erfaßte mit dem Auge leicht, was sich uns nur ganz allmählich und mit Mühe erschließt. Dazu kann uns das Buch von Gerhard Ruf verhelfen.

Schließlich verweise ich noch auf das geistvolle Buch Mario von Gallis, *Gelebte Zukunft: Franz von Assisi*, erschienen im Bucher-Verlag. Dieses Buch beschreibt die überzeitliche Bedeutung der franziskanischen Theologie auf dem Hintergrunde innerkirchlicher Auseinandersetzungen von den Anfängen bis zum letzten Vatikanischen Konzil. Es wird durchsichtig, wie jedenfalls in der katholischen Kirche ‹franziskanischer Geist› sich als ständig erneuernde Kraft erweist, die Kirche und ihre Glieder auf das Dienen zu verweisen, obwohl alle Welt so gern herrschen möchte.

Schwerpunktartig habe ich einige Bücher genannt, die alle von verschiedenen Perspektiven aus Einsichten vermitteln, um von äußerlichen Eindrücken her zu tieferen Erkenntnissen vorzudringen.

Aber Bücher können keine Begegnungen mit Menschen ersetzen. Ich wünsche allen Lesern etwas von der Frische echter Begegnungen mit Christen, die nichts haben und nichts anderes sein wollen als Botschafter der Freude, deren Ursprung Christus ist.

Solche Begegnungen helfen im täglichen Leben weiter. Sie verändern uns, sie machen uns gelassener den unerbittlichen Ansprüchen dieser Welt gegenüber.

I. DIE STADT AUF DEM BERGE

Schon von weitem ist sie zu erkennen, diese Stadt Assisi. Am Hange des Rufino, terrassenförmig angelegt, erhebt sie sich aus der Ebene, wie Perugia, Spello, Trevi und andere umbrische Städte. Im Hintergrunde das gewaltige Bergmassiv: Der Subasio, 1290 m, den zu besteigen sich lohnt wegen der herrlichen Vegetation und des großartigen Ausblicks über das Spoletotal.

Im Nordwesten, trutzig wie eine Burg angelegt, erhebt sich das Kloster, der Sacro Convento mit der Basilika San Francesco, im Südosten das Klarissenkloster mit dem schmalen Turm der Kirche Santa Chiara. Dazwischen das graue Häusermeer, unterbrochen von vielen Türmen, von denen der Rathausturm aus dem 13. Jahrhundert der mächtigste ist. Grün leuchtet die Kuppel von San Rufino, dem Dom von Assisi, in dem Franziskus 1182 die Heilige Taufe empfing. Oberhalb der Stadt, 445 m hoch gelegen, erhebt sich die Rocca Maggiore. Die Ruinen geben noch einen Eindruck wieder von Reichtum und Macht dieser Stadt, die zu Franziskus Zeiten mit Perugia um die Vormachtstellung in Umbrien kämpfte und unterlag.

Die Stadt wirkt wie tot. Nähert man sich ihr durch blühende Felder und Gärten beiderseits der Straße, so kann man sich nicht vorstellen, was für ein Leben in ihr herrscht. Bald hat man das erste Stadttor durchquert, denn die Stadt ist umgeben von der mittelalterlichen Stadtmauer, und merkt, daß die Stadt von Leben überquillt. Hunderte von Touristen aus aller Herren Länder füllen die Straßen, elegante Besucher der Stadt finden sich ebenso ein wie arme, die sich kaum einen Espresso leisten können. International geht es zu in Assisi. In den kleinen Straßen, durch die sich Busse und Taxen unaufhörlich zwängen, finden sich Restaurants, Hotels, Cafeterias und vor allen Dingen Souvenirläden: Es gibt keinen Kitsch, der nicht angeboten wird. Dazu Handwerksbetriebe, die den Vorübergehenden Blicke in ihre Arbeit gestatten: Da wird getöpfert und gemalt, dort ist ein Kupferschmied am Werke, Steinmetzen und Holzschnitzer kann man bei der Arbeit sehen. Die Stadt lebt vom Fremdenverkehr. Geschäftiger Geist fällt auf, daneben Frauen, die auf der Straße sitzen und stricken oder sticken. Auffällig viele Kirchen und Kapellen und die mit Kacheln über der Haustür versehenen Häuser mit franziskanischen Motiven. PAX ET BONUM, dieser Franziskanergruß, dem Vorbeigehenden Heil und Segen mitteilend, ist wohl das beliebteste Motiv. Ordensleute begegnen auf Schritt und Tritt: Im braunen, grauen oder schwarzen Habit, mit oder ohne Kapuze, bärtige und glattrasierte, Minderbrüder, aber auch Schwestern, deren Vielfalt der Trachten auf die große Zahl von Kongregationen deutet, die in Assisi ein Haus unterhalten.

Zwischen den Häuserreihen, die übereinander angeordnet sind, erfreuen den Besucher wunderbare Gärten, die ebenso mit Liebe angelegt sind, wie die Blumen gepflegt werden und gedeihen, die an den Häusereingängen und vor den Fenstern in vielen Farben leuchten.

Es ist nicht zu heiß in Assisi: Die Mauern und engen Gassen bieten Schatten und Frische, und immer wieder gibt es zwischendurch Ausblicke in die Ebene, in das wie ein gepflegter Garten wirkende Spoletotal.

So oder ähnlich mögen die Eindrücke sein, die man beim ersten Rundgang der Stadt gewinnt. Dann wird man in die Kirchen gehen, denn man will ja etwas von den großartigen Kunstwerken sehen, die mit Recht so gerühmt werden. Die

Stadt auf dem Berge hat viel zu bieten: Vor allem anderen die Kirche San Francesco, ein abendländisches Kleinod. Die Erschließung der herrlichen Fresken ist nicht ohne Anleitung möglich, und auch dann hat man nur einen Bruchteil gesehen und verstanden, die Bilderfülle ist zu gewaltig.

Der nachdenkliche Besucher wird irgendwann die Frage stellen: Wie paßt diese Herrlichkeit zusammen mit dem Mann, den man den kleinen Armen, den Poverello nannte? Wie reimt sich das, diese Geschäftigkeit, dieser Massenrummel einerseits, die evangelische Armut andererseits? Der offenkundige Widerspruch ist mit Händen greifbar, obwohl man selber fasziniert ist von dieser Stadt auf dem Berge.

Ich habe zwei bemerkenswerte Zeugnisse über Assisi gehört, die ich in diesem Zusammenhange mitteilen möchte. Das eine lautet: «Assisi erfaßt die Menschen wie ein Heimweh». Das andere: «Assisi ist weniger ein Ort als ein Zustand.» Diese Bemerkungen werden von vielen Menschen als wahr erkannt. Sie ändern aber nichts an der Tatsache, daß viele Touristen, unter ihnen Goethe, die Stadt auf dem Berge wie andere Städte besuchten und verließen: ohne nennenswerte Nachwirkungen. Was viele Menschen erfaßt «wie ein Heimweh», wenn sie an Assisi denken oder sich immer wieder dort hingezogen fühlen, dem sollte man ruhig einmal nachgehen.

Zunächst schlägt die Landschaft Umbriens die Menschen in ihren Bann. Diese Landschaft mit ihren Bergen und mittelalterlichen Städten, ihrer farbenprächtigen Flora, ihrem die Maler aller Jahrhunderte begeisternden Licht, spricht ihre eigene Sprache. Dazu kommt für alle, die ein Gespür dafür haben, ein ganzes Kapitel abendländischer Kunstgeschichte. Was Giotto, seine Vorläufer und die Schule, die er begründete, an christlicher Aussage dargestellt haben neben einer in sich geschlossenen meisterhaften Architektur, das kann einem schon den Atem verschlagen. Aber die Landschaft ist es nicht, und es ist auch nicht die Kunst, was den suchenden Zeitgenossen im Innersten anrührt. Das Entscheidende sind die Begegnungen mit den Menschen, in denen das franziskanische Anliegen brennt wie ein Feuer. Es gibt viele solcher Begegnungsstätten. Ich nenne nur eine, die mir am vertrautesten ist: das Centro Ecumenico Nordico, eine Viertelstunde vor dem Tor San Pietro außerhalb der Stadt gelegen. Dort finden entscheidende Begegnungen mit Franziskanern statt. Gruppen aus vielen Ländern und Konfessionen können dort preiswert wohnen und sind vorzüglich untergebracht. Die Begegnungen verlaufen undogmatisch und unkonventionell, aber entschieden christusbezogen.

Es gibt nichts in diesem Hause, was in gesetzlicher Weise geregelt wäre, es gibt auch kein Programm. Die Schwestern sorgen für das leibliche Wohl, und sie tun mehr als das: sie dienen in einer selbstverständlichen und unaufdringlichen Art. Von jeher ist das Herbergswesen bei den Franziskanern neben der Krankenpflege eines der diakonischen Merkmale. So entsteht eine wohltuende Atmosphäre. Bei den Minderbrüdern, die im Hause leben, könnte zunächst der Eindruck entstehen, sie leben zurückgezogen und wollen nicht gestört sein. Dieser Eindruck trügt. Denn das distanziert erscheinende Verhalten ist nichts anderes als ein taktvolles Abwarten. Auch das ist ein Zeichen franziskanischer Gesinnung: Man drängt sich nicht taktlos auf, sondern läßt dem Geiste Gottes Raum und hält sich mit wachen Sinnen zur Verfügung für das, was sich ergeben könnte. So kommt es immer wieder zu intensiven Gesprächen im kleineren oder größeren Kreis, je nachdem, wer sich von den zahlreichen internationalen Gästen daran beteiligt. Bei diesen Gesprächen werden Lehrunterschiede weder heruntergespielt noch verschwiegen, sie verlieren ihre bösartige Schärfe vor dem lebendigen Christuszeugnis des Mannes, der wie kaum ein anderer den Weg der Nachfolge Jesu Christi konsequent eingeschlagen und durchgehalten hat: Franziskus von Assisi.

Es gibt keine Theologiesiererei, keine Argumentation über Wahrheit und Fragwürdigkeit von Dogmen, aber immer steht im Hintergrund die Frage: Wie können wir in unserer Zeit überzeugende Vertreter unseres Glaubens werden? Denn wo die Einheit zwischen Glauben und Sein in einem Christen verkörpert ist, dort spricht eine solche Existenz überzeugender als viele Predigten.

Es gibt auch nicht so etwas wie Verhärtung von Standpunkten. Die Hörbereitschaft ist so weit entwickelt, daß jeder den anderen ernst nimmt mit seinen Aussagen und Fragen. Die Menschen gehen aufeinander zu. Keine Sentimentalitäten, keine Schwärmerei, aber eine ansteckende Freude begleitet die Begegnungen.

So ist das Centro Ecumenico Nordico für viele Besucher eine Stätte tiefer Besinnung geworden. Kräfte gehen von dieser Stätte ökumenischer Begegnung aus, die wir mit einem alten Wort als ‹erwecklich› bezeichnen können. Vielleicht gibt es keine ökumenische Erneuerung der Kirche ohne eine Vielzahl derartiger Begegnungen. Die Erneuerung der Christenheit wird davon ausgehen müssen, daß keine der herkömmlichen Konfessionen die Wahrheit besitzt, sondern daß wir bereit werden, Christus als der Wahrheit mehr zu gehorchen als unseren Vorstellungen. Vor allen Dingen gilt es, die Liebe Christi, aus der wir leben, auch andersdenkenden Menschen nicht vorzuenthalten, geschweige denn, eine vermeintliche Wahrheit gegen die Liebe auszuspielen.

Begegnungen dieser Art können sich in Assisi vielfach wiederholen. Die Stadt auf dem Berge wird durchsichtig, Hintergründe von großer Tragweite werden sichtbar. Der

Besucher kann in ein Geschehen hineingeraten, dem er sich nicht mehr entziehen kann und will. Er kann einer Form christlicher Existenz begegnen, die unauslöschliche Freude schenkt und weckt.

II. GEPRÄGTE LANDSCHAFT

Es gibt Räume, in denen wir uns wohl fühlen, andere in denen wir frösteln. Städte, die sich schwer erschließen sind uns ebenso bekannt wie Städte, in denen wir uns gleich zu Hause fühlen. Auch Landschaften haben ihre Atmosphäre, die einladend oder spröde sein kann, obwohl es ja keine häßlichen Landschaften gibt, es sei denn, wir Menschen hätten sie so entstellt, daß das Wohnen dort als Zumutung empfunden wird. Nun kann einer entgegnen, ob ein Ort sich aufschließt oder abweisend wirkt, mag wohl auch zusammenhängen mit der jeweiligen Stimmung, mit der wir uns ihm nähern. Ganz gewiß. Aber ich glaube auch, daß es den Räumen in dieser Welt abzuspüren ist, ob ein Geist des Aufatmens oder der Bedrückung in ihnen vorherrscht.

Ich will nicht erklären, inwieweit geschichtliche Prozesse, Mentalität, Klima, Staatssysteme und andere Dinge hier eine Rolle spielen. Eine große Bedeutung muß jedenfalls der Religion zugebilligt werden, die sich je nach Landschaft und Tradition verschieden ausprägt. Manchmal haben auch Einzelpersonen einer Stadt oder einer Landschaft zur Berühmtheit verholfen, weil eben diese Einzelpersonen über prägende Kraft verfügten.

So scheint es in Umbrien zu sein, besonders im Spoletotal. Es ist so, als seien die Schritte des Poverello, der über dieses Stückchen Erde gewandert ist, im Gedächtnis dieser Landschaft aufgehoben wie Fußtapfen, die nicht verwischen. Diese Gedanken sind freilich nicht jedermanns Sache. Daß Tiere und Pflanzen, Gestirne und Elemente eine Seele haben, wie Franziskus glaubte, der mit dem Feuer und dem Wind wie mit den Menschen redete, meint der aufgeschlossene Mensch belächeln zu können. Ob er allerdings tiefer in die Bereiche der uns umgebenden Wirklichkeit vorzustoßen vermag als Franziskus, der einen Baum umarmen konnte, mag dahingestellt bleiben.

Jedenfalls weist alles in Assisi und Umgebung direkt oder indirekt auf Franziskus hin, der von hier aus Geschichte gemacht hat und noch macht. Er hat mit dazu beigetragen, dieser Landschaft ein unverwechselbares Gepräge zu geben. Heiterkeit erfüllt diese Stadt und diese Gegend. Wer einige Zeit in ihr verbringt, kann das erfahren.

Aber jeder Assisibesucher erfährt das nicht. Wer aus Rom kommend, nur einen Tag oder einen halben Zeit hat, der wird kaum etwas verspüren von dem, was ich hier schreibe und was viele Menschen und mich unmittelbar betrifft. Was wird er erleben? Ein paar verblassende Eindrücke: ein eindrucksvolles mittelalterliches Stadtbild, blühende Mohnfelder, ein paar Giottofresken, Gedränge von Touristen, unzählige Souvenirläden, sonst wird er nichts erleben. Die Mitte, aus der alles kommt, den Grundakkord, die Urkraft, aus der alles hervorgegangen ist, wird er nicht verspüren. Der Geist erschließt sich nicht dem, der keine Zeit hat. Stille ist erforderlich und Hörbereitschaft; und vor allen Dingen gehören zur Vertiefung dessen, was hier sich ereignen kann, Begegnungen mit Menschen, die die Nachfolge Jesu in Armut und dienender Liebe praktizieren, wie es Franziskus vorgelebt hat. Das Gleichmaß von Zurückgezogenheit, der Gang zur Quelle, und die Zuwendung zur Welt, um in ihr die Liebe Christi in die Tat umzusetzen, das ist das Wesen des franziskanischen Geistes. Beide Schalen der Waage müssen im Gleichgewicht bleiben. Dies zu erleben, ist in sich überzeugend und hat Assisi zu einer Stätte des Segens gemacht in allen Jahrhunderten vom dreizehnten bis heute.

Der Segen des Franziskus, kurz vor seinem Tode über diese Stadt ausgesprochen, hat sich erfüllt: «Von Gott gesegnet bist du, o Stadt; denn viele Seelen werden durch dich gerettet, in dir werden viele Diener des Allerhöchsten wohnen, und aus dir werden viele für das Himmelreich erwählt.»

Ich schreibe subjektiv und betroffen. Mir ergeht es so wie Rilke, der von einer Skulptur erschüttert gestand: «Du mußt dein Leben ändern.» Christsein ist mehr als eine Lehre. Es ist vor allen Dingen eine Weise der Existenz aus Glauben. Das ist eine Erkenntnis, zu der wir abendländischen Christen erst wieder zurückfinden müssen, nachdem wir die herrlichsten Lehrgebäude errichtet haben. Es geht nicht nur um ein Wissen, sondern um ein Sein, wie Franziskus es verkörpert hat.

Die Besonderheit dieses Mannes kann man nicht simplifiziert darstellen. Da schert einer zu Anfang des 13. Jahrhundert aus der Gesellschaft aus, einem göttlichen Anruf folgend. Aber haben das nicht seit Abrahams Zeiten schon viele getan? Da verzichtet einer auf Besitz und Macht in rückhaltlosem Vertrauen auf Christus und im radikalen Befolgen der Bergpredigt; auch hierzu kann die Geschichte der abendländischen Kirche eine Reihe von Namen nennen. Da wendet sich einer, weil ihn die Barmherzigkeit Gottes menschlich macht – und das ist immer mehr als ein von edlen menschlichen Voraussetzungen her begründeter Humanismus –, den Armen und Unerwünschten zu, den Kranken und Verirrten, den Schwierigen und Bösen und dient ihnen um Jesu willen. Auch solche Menschen gab es – wenn auch viel zu wenige – zu allen Zeiten in der zwiespältigen Geschichte der Kirche.

Dennoch ist Franziskus ohne Vergleich in der Kirchengeschichte. In einem der frühesten Berichte über ihn heißt es: «Sein Erscheinen war wie der Einzug des Frühlings in die

Welt.» Wurde es bekannt, daß der Poverello sich einer Stadt näherte, läuteten die Glocken. Die Menschen hörten auf zu arbeiten und liefen auf die Straße. Was sie da sahen, läßt wiederum fragen, warum sich überhaupt einer nach dem kleinen Armen umgesehen hat: Eine in ein grobes Gewand gehüllte barfuß daherkommende Gestalt; klein, ausgemergelt; von Krankheit und Entbehrung gezeichnet. Er, der so arm war, wie keiner von uns es sich auch nur vorstellen kann, zog die Menschen an wie ein Licht die Insekten. Er, der nichts besaß, teilte die helle Freude aus. Könige und Kaiser, Päpste und Philosophen, Künstler aus allen Gebieten, Bürger und Bauern gerieten im Laufe der Geschichte so sehr in seinen Bann, daß sie sich seiner Bewegung anschlossen. Anstelle vieler Namen, die alle aufzuzählen unmöglich ist, möchte ich nur anführen, daß von Dante bis Hofmannsthal namhafte Dichter einem der franziskanischen Orden angehört haben. Heinrich Böll, der ein ausgeprägtes Gespür hat für das Unverfälschte und einen Horror vor allem, was verlogen ist, stellte ein Buch über Franziskus zusammen und gesteht damit sein Betroffensein.

Eine Erklärung über die ungeheure Wirkung des Franziskus läßt sich von dem kleinen schriftlichen Nachlaß her nicht finden. Da gibt es viel Liebenswertes, aber nichts Glänzendes, keine großen Entwürfe, die wie eine Initialzündung hätten wirken können. Da ist ein Mensch, der Christus vorbehaltlos nachfolgen wollte und mit einer solchen Freundlichkeit durch diese Welt ging, daß man von ihm sprechen wird, solange es Christen gibt. Das ist das ganze Geheimnis.

Alle Kritik, berechtigte oder gemeine, der die Christenheit ausgesetzt ist, verstummt vor dieser unwiderlegbaren Existenz aus Glauben. Selbst die schärfsten Kritiker der Kirche machen bei Christus und Franziskus Ausnahmen, weil hier die Freundlichkeit Gottes in der Welt sichtbar wurde wie sonst kaum. Wo geglaubtes Leben und gelebter Glaube deckungsgleich werden, wird die Kraft des Evangeliums erfahren, an der jede Kritik verstummt, weil die Liebe überzeugender ist als alle Beweise.

Hier in Assisi, wo alles auf Franziskus hinweist und damit auf den, den er ausschließlich meinte, ist hinter allen Krusten und Verdeckungen ein Gespür vorhanden, das Anliegen des Poverello wachzuhalten, ja mehr als das: Es soll im Mittelpunkt stehen. Die unzähligen franziskanischen Kongregationen haben natürlich ähnliche Schwierigkeiten wie alle Christen: Spannungen mit rein rechtlich-bürokratisch denkenden Kirchenleitungen, und immer wieder Auseinandersetzungen zwischen denen, die den radikalen Weg der Nachfolge gehen wollen, und denen, die meinen, auch Macht und Einfluß könne man zur Ehre Gottes einsetzen, schließlich sei man ja verantwortlich für die Erhaltung der Kirchen und Versorgung ihrer Mitarbeiter. Trotzdem tragen viele Vertreter aus den Orden ein Erbe weiter, das mehr ist und alles andere als sinnentleerte Tradition: Sie lassen sich anregen und aufregen, begeistern und beflügeln vom Evangelium Jesu. Sie haben den vor Augen, der ihnen gezeigt hat, daß Gott uns durch jeden Regentropfen grüßen läßt. So geht auch heute von San Damiano und der Eremitage Carceri, von der Portiuncula und dem Sacro Convento mit seinem gewaltigen Dom und seinen unschätzbaren künstlerischen Werten eine große Beglückung aus und eine manchmal sehr brennende Frage nach dem eigenen Christsein. Diese Frage werden wir nie richtig beantworten können, aber sie verhilft uns, näher an der Wahrheit zu bleiben.

Wenn sich auch nahezu alles in Assisi in eklatantem Widerspruch befindet zu der Anspruchslosigkeit des Poverello, so weist doch selbst in der Verzerrung noch alles auf ihn hin. Er hat diese Stadt und die umbrische Landschaft geprägt wie kein anderer. Dem, der sich Zeit nimmt, wird deutlich, welche Kräfte von hier ausgingen und auch heute noch lebendig sind – trotz aller Oberflächlichkeiten.

III. ARMUT AUS FREUDE

Armut gilt heute als verabscheuungswürdig. Alles – nur nicht das. In der Gesellschaft, in der wir leben, arbeiten und denken, wird Armut übereinstimmend als elender Zustand angesehen, ja als Geißel und Grundübel menschlichen Lebens überhaupt.

Sehen wir uns den Lauf der Welt an, insbesondere die gegenwärtigen sozialen Verhältnisse in allen Kontinenten, wo auf der einen Seite der Wohlstand wächst in dem Maße, wie sich auf der anderen Seite die Verelendung volkreicher Gebiete himmelschreiend ausweitet, dann läßt sich folgern: Die soziale Armut ist die Seuche des modernen Zeitalters, und von der Anklage unterlassener Hilfeleistung sind Christen hart belastet.

Es ist also kein Wunder, wenn die Armut allgemein als negativ angesehen wird. Die soziale Armut ist eine Pest, die entschlossen bekämpft werden muß. Das klingt zunächst so wie ein forscher Satz eines um Stimmen werbenden Wahlkampfreisenden. Aber ich denke nicht an Programme, Forderungen und Appelle, die überall wortreich in der Welt erklingen. Ich denke mehr an Besinnungen. Vielleicht können noch Besinnungen am wirkungsvollsten zu einem Gesinnungswandel führen, der die Voraussetzung für echte Hilfe wäre. Denn das Bemühen, Geld zu sammeln für die verelendenden Menschen, ist eine große Sache, aber es genügt nicht.

Wie weit sind wir entfernt von mittelalterlichen positiven Gedankengängen über die Armut als evangelische Tugend! Davon wollen viele Menschen nichts mehr hören. Wer hat schon Augen, um zu sehen, daß das Auslöschen des evangelischen Armutideals ursächlich zusammenhängen könnte mit dieser wachsenden Hungersnot in der uns von Gott überantworteten Schöpfung? Eine Leistungsgesellschaft besorgt sich ihre eigenen Ideale. Sie heißen Lebensstandard und Profit. Diese müssen wachsen, während Opferbereitschaft und Verantwortung, Nächstenliebe und Nachbarschaftshilfe rasch und spürbar verkümmern. Wer daher heute von dem Armutsideal des Mittelalters zu sprechen wagt, muß sich auf Widerstand gefaßt machen. Kräfte, die in der Geschichte des Abendlandes eine wesentliche Rolle gespielt haben, sind verschüttet und unbekannt. Wer es dennoch wagt, an das Armutsideal zu erinnern innerhalb der Gesellschaft, in der wir aufgeklärten Menschen leben, erregt verwundertes Kopfschütteln oder energischen Widerspruch, der aber immerhin Anlaß zu einem sinnvollen Gespräch geben könnte. Es kann aber auch sein, daß jemand, der diese Frage aufwirft, einfach eingestuft wird als ein wirklichkeitsferner Phantast, als Weichensteller eines ideologischen Sozialismus, oder aber er wird der brutalen Lieblosigkeit bezichtigt.

Ich glaube nicht, daß das Armutsideal eine mittelalterliche Variante des Christentums darstellt. So einfach läßt sich das Problem nicht erledigen.

Zunächst machen wir uns bewußt, daß es grundsätzlich zwei verschiedene Arten von Armut gibt. Die von Menschen verschuldete Armut als Folge von Ausbeutung, Gedankenlosigkeit und Gier ist total zu unterscheiden von der vom Menschen freiwillig auf sich genommenen Armut als Folge christusbezogenen Gehorsams. Die eine Weise führt ins Elend, die andere in die Freude. Die eine Armut gilt es zu bekämpfen, die andere gilt es zu erlangen. Armsein infolge fremder oder eigener Schuld ist etwas völlig anderes als Armsein infolge von Gottes Gebot. Paulus spricht von den

Gehorsamen, die zum barmherzigen Opfer fähig sind, als «den Armen, die doch viele reich machen» (2. Kor 6,10). Ein merkwürdig dialektischer Satz. Die Wahrheit aber ist dialektisch, oder es ist nicht die Wahrheit.

Die Ausstrahlungskraft des Franziskus beruht darauf, daß Wort und Handeln bei ihm eine Einheit bilden. Wenn er Opfer sagte, dann war sein ganzes Leben ein Opfer. Wenn er Christus mitteilte, dann teilte er, was er hatte, mit anderen. Sein Anliegen, Christus mehr nachzuleben als zu nennen, ist vielleicht die schwerste Herausforderung der christlichen Kirchen und ihrer Glieder, seit es überhaupt Kirche gibt. Die Kirche seiner Zeit hat sich ja auch schwer genug mit ihm getan. Immer wieder wollte man mit Zugeständnissen mancherlei Art die Radikalität seines Armutsideals entschärfen. Nichts hat der Poverello bis zu seinem Tode so verteidigt wie diesen seinen Weg der Armut ohne Rücksicht auf sich und ohne Rückversicherung in der Welt. Gerade darum zieht er die Aufmerksamkeit der Menschen, die ernsthaft Christen sein wollen, auch heute noch in einer unerhörten Weise auf sich. Denn wir haben es bis zum Überdruß erfahren, was es heißt «arm zu sein inmitten vieler Güter» (Sprüche 13,7). Für uns heutige Menschen läßt sich die paulinische Wendung aus dem 2. Korintherbrief geradezu umkehren: Wir leben als die Reichen, «die doch viele arm machen», schließlich uns selber, was wir schmerzlich erfahren, obwohl wir uns allerlei leisten können.

Franziskus hat sich mit der «Frau Armut» vermählt. Er hat sich für die Armut entschieden, die in die Freude führt. Er hat das in einer so überzeugenden Weise getan und durchgehalten, daß sein armes Leben zu einem Anstoß des Nachdenkens und der Besinnung auf das Anliegen des Evangeliums wurde. Daran ändern die seit dem 13. Jahrh. völlig veränderten Zeitverhältnisse überhaupt nichts. Weil es wahr und erfahrbar ist, daß der, der nicht aus Freude arm ist, elend sein muß, und zwar im Mangel wie im Überfluß, deswegen wird diese Erkenntnis aus dem Evangelium nicht verblassen, sie wird ihre Anziehungskraft behalten.

Franziskus wurde in eine Zeit hineingeboren, in der politische wie soziale Auseinandersetzungen, christliche Verstiegenheiten und Machtkämpfe von bisher kaum gekannter Heftigkeit zur Verelendung unzähliger Menschen führten. Innozenz III., wohl der mächtigste Papst, den es je gegeben hat, und sein Nachfolger trugen mit Friedrich II. von Hohenstaufen, der seine Kindheit in Assisi verbrachte, ihre folgenschweren Konflikte aus. Dazu kam das Aufkommen des Geldes und der Banken und führte zur Ablösung der bis dahin üblichen Naturalwirtschaft. So wurde das Bauerntum mit der ganzen Brutalität, die einen ungezügelten Kapitalismus bis heute kennzeichnet, in ein namenloses Elend gestürzt. Blutige Auseinandersetzungen um die Vormachtstellung in Umbrien verheerten Dörfer und Felder.

Wie von einem ansteckenden Fieber ergriffen, begeisterten sich die Menschen oder wurden genötigt, mit Feuer und Schwert ins Heilige Land zu ziehen, um Heiden und Andersgläubige von den Stätten des Lebens und Wirkens Jesu zu vertreiben. Franziskus ist auch einmal mitgezogen. Aber er hat die Verirrung durchschaut und sich sehr schnell von solchen Unternehmungen zurückgezogen.

Seine Aufgaben fand er jetzt bei den Opfern dieser außergewöhnlich bewegten Zeit. Er brauchte nicht lange zu suchen: Vor den Toren Assisis lagen sie und fristeten ihr armseliges Leben: die wegen ansteckender Krankheiten Ausgesetzten, vor allen Dingen Lepröse; Menschen, die entwurzelt, alt und unversorgt auf ihr Ende warteten; Heruntergekommene, Alkoholiker, Syphilitiker, dazu Verbrecher und Betrüger. Zu ihnen machte er sich auf.

Er konnte es nicht ertragen, daß Menschen ihren Lastern,

Krankheiten und Sorgen ausgesetzt sind – und sonst nichts. Er zeigte ihnen durch seine Hingabe mit seiner ganzen Person, daß sie auch in ihrem Elend der Barmherzigkeit Gottes ausgesetzt sind. So wurde er wie ein Licht in den Nächten menschlicher Verlorenheit. Er wusch die Wunden der Kranken. Er bettelte um Brot für die Hungrigen. Er saß bei den Einsamen und war ihnen der Nächste. Er ließ sich nicht erbittern oder entmutigen, wenn verzweifelte Menschen ihm ihren angestauten Haß entgegenschleuderten. Er war weder ein Held noch ein Übermensch. Das, was wir Anfechtungen nennen, also ein Angriff auf Leib und Seele im wörtlichen Sinne, hat er erfahren in einer Tiefe, wie sie die erfahren, die sich ganz auf den Weg Jesu Christi begeben. Er hat immer über mehr Kräfte verfügt, als sich aus der Summe seiner physischen und psychischen Energien ergaben. Denn wer um Gottes willen sich den Menschen zuwendet, repräsentiert immer mehr, als was er von Natur aus ist.

Nichts besaß er außer der alles verwandelnden Gewißheit, daß Gottes Zuwendung allen gilt. Diese Tatsache hat er mit seinem ganzen Leben sichtbar gemacht. Wem das nicht einleuchten kann, was hier geschieht, wie jemand mit leeren Händen Reichtümer verteilte, der muß sich immerhin die Frage gefallen lassen, wieso sich Menschen noch nach Jahrhunderten von diesem Leben und Dienst in Frage stellen lassen.

Franziskus wählte den radikalsten aller möglichen Wege der Nachfolge, und er beschritt ihn folgerichtig, bis er, auf einem Brett liegend, 1226 in Portiuncula starb.

Der Poverello wählte die Armut, weil er die Bergpredigt Jesu wörtlich nahm. Er wählte die Armut und fand die vollkommene Freude, die er fortan verkörperte. Er durchschaute den Kreislauf menschlicher Bindungen, die uns in die Enge führen und danach in Angst und Ruhelosigkeit:

Habe ich Besitz, so sagte er, muß ich ihn auch schützen; will ich ihn schützen, so brauche ich Menschen; stelle ich Menschen in meinen Dienst, so muß ich sie bezahlen; ich muß also danach trachten, mein Vermögen zu vergrößern; diese Notwendigkeit treibt mich zu Zugeständnissen und Verhaltensweisen, die mein christliches Gewissen belasten, denn ich verfüge nicht mehr über meine Zeit, sondern bin in ein Netz von Abhängigkeiten geraten; kurz: ich bin dann nicht frei für die wesentlichen Dinge des Lebens, weil ich es zwangsläufig mit geschäftigen Angelegenheiten zu tun habe, die mein Herz besetzen, so daß Gottes Stimme in mir kaum noch Raum findet; die einzige evangelische Sorge, nämlich Gott und dem Nächsten zu dienen, tritt hinter den Sorgen meiner höchstpersönlichen Angelegenheiten weit zurück; es gelangt an die erste Stelle, was zweitrangig ist; also muß ich den Kreislauf irdischer Verstrickungen an der Wurzel – und das meint ja das Wort radikal – abbrechen, um ein Leben frei von falschen Sorgen zu führen. So dachte Franziskus. So handelte er auch. Er tat es augenfällig für alle, die über der Bergpredigt Jesu einfach zur Tagesordnung übergehen. Er tat es auch für jene, die die Bergpredigt Jesu nie zur Kenntnis genommen haben, und wies damit auf Kraftquellen hin, die unsere Zeit nötig hat, wie jede Zeitepoche sie nötig haben wird. So gewinnt sein Leben Bedeutung über seine geschichtliche Zeit hinaus.

Er war den Kranken nahe und hatte nichts als seine uneingeschränkte Liebe und was mildtätige Menschen ihm zukommen ließen. Er war den Elenden der Nächste und hatte nichts als seine Hände und Füße, seine wachen Sinne und das, was ihn im wörtlichen Sinne zur Persönlichkeit machte. Also das, was durch ihn ‹hindurchtönte›, wofür seine ganze Existenz Medium wurde. Er war den Bösen nahe und rechnete ihnen ihre Schurkerei nicht vor, sondern er behandelte sie als Geschöpfe Gottes, die wie er selber, der sich zeitlebens als groben Sünder verstand, auf die Liebe angewiesen sind, die uns alle trägt und erträgt. Er vermittelte zwischen Zerstrittenen und weinte mit den Weinenden. Mit den Fröhlichen war er auf eine herzerfrischende Art ausgelassen, und niemals war sein Erscheinen mißverständlich. Denn er war immer eindeutig ein Botschafter an Christi Statt. Er besaß nichts und teilte aus wie ein Verschwender. Er hatte Zeit für die Menschen, die ihm unmittelbar in den Weg traten. Er war uneingeschränkt für sie da, weil er sich um nichts, was seine Person betraf, zu sorgen brauchte. Es erging ihm so wie jenen von Jesus ausgesandten Jüngern, die ihr Meister bei der Heimkehr fragte: «Habt ihr je Mangel gehabt?» Franziskus schließt sich ihrer Antwort an: «Herr, niemals.» (Luk. 22,35)

Es scheint mir so zu sein, daß die Christenheit diese Verkörperung einer unwiderlegbaren Existenz aus Glauben niemals wieder vergessen kann. Wir haben mit vielen theologischen Künsten uns daran gewöhnt, die Bergpredigt als eine Art Spiegel zu betrachten: sie sei dazu da, uns klar zu machen, wie wenig wir dem Menschen entsprechen, den Gott in seiner Schöpfung gemeint hat. Dabei ist der Gedanke ihrer Praktizierbarkeit so weit aus dem Blickfeld geraten, daß wir wie selbstverständlich behaupten, sie sei mit den Realitäten des harten Lebens auch gar nicht vereinbar. Franziskus würde verwundert fragen: warum eigentlich nicht?

Erfordern die Verhältnisse, in denen wir leben, nicht geradezu Menschen, die die Bergpredigt in die Tat umsetzen?

Nach all dem hier Dargelegten müssen aber an dieser Stelle noch zwei Gedanken entfaltet werden. Der eine bezieht sich auf das besondere Charisma des Franziskus, der andere befaßt sich mit der Herausforderung, die ein derartiges Leben auch heute noch auslöst.

Franziskus erwartete zu keiner Zeit, daß alle Menschen

seinen besonderen Weg der Nachfolge antreten. Er war tolerant im Hinblick auf die Frömmigkeit anderer Christen und hatte seine helle Freude daran, wenn er Menschen mit biblischen Glauben traf, unabhängig davon, welchen besonderen Weg sie als ihren Weg der Nachfolge erkannten. Aber er war beharrlich bezüglich seines eigenen Weges. Seinen eigenen Weg verstand er als einen stellvertretenden Dienst innerhalb der Gesellschaft, in der er lebte. Hier liegt auch die entscheidende Begründung für die Entstehung der sogenannten Bettelorden, zu denen die Franziskaner und die Dominikaner gerechnet werden: Die Gesellschaft, in deren Mitte Bettelorden meditativ und diakonisch tätig waren, ernährte die Ordensleute, weil durch sie stellvertretend ein Dienst übernommen wurde, wofür die Gesellschaft den Bettelorden Dank schuldete. Es bestand also eine Wechselbeziehung zwischen denen, die radikal unter Verzicht auf alle Eigeninteressen den Weg der Nachfolge beschritten, und denen, die in bürgerlichen Verhältnissen lebend, notwendigen Verpflichtungen nachgehend, in ganz anderer Weise ihr Christsein zu verwirklichen trachteten. Es wäre gefährlich und kurzschlüssig zu meinen, Franziskus hätte beabsichtigt, alle Menschen sollten so leben wie er. Sein besonderer Weg setzte vielmehr die geordnete Welt der Menschen voraus. Er sah zwar die Schäden der Gesellschaft und die Opfer, zu deren Anwalt er sich machte. Aber er verfaßte keine Resolutionen. Er diente, und dieser besondere Dienst ist im Gegensatz zu den damals sich auch schon ereignenden Revolutionen unvergessen und vor allen Dingen wirksam.

Der besondere Weg des Franziskus ist deswegen wirksam, weil die, die inzwischen mehr wissen, als daß er den Vögeln predigte, von ihm und seinem Christsein in einer bisher nicht gekannten Weise herausgefordert werden können. Für die, die länger in Assisi sich aufhalten und sich den

Gesprächen mit Franziskanern nicht entziehen, scheint diese Herausforderung unausbleiblich zu sein. Da geht es nämlich nicht um Lehrmeinungen, da gibt es keine Standpunkte, wer theologisch recht hat, und wer bestimmt nicht recht haben kann, sondern da geht es darum, wie wir Christen des 20. Jahrhunderts unsern Glauben in dieser Zeit überzeugend leben können. Denn das Elend der Menschen in der Gegenwart ist verglichen mit den Katastrophen des 13. Jahrhunderts um nichts geringer geworden. Mit einem grandiosen technischen Fortschritt, an dem wir alle teilhaben, sind eine Fülle von Sorgen und Notständen aufgetreten, so daß der atheistische Philosoph Machovec sagen kann, der mittelalterliche Mensch habe innerhalb seines Weltverständnisses und trotz der ihn bedrohenden Härten zuversichtlicher und geborgener leben können als der «unbehauste Mensch», wie ein bezeichnender Buchtitel unserer Tage lautet. Das Elend des gegenwärtigen Menschen erfaßt die, denen es am Existenzminimum mangelt, genauso wie die, die sich viel leisten können und seelisch verkommen. «Denn niemand lebt davon, daß er viele Güter hat» (Lk. 12,15).

Wegen der Sinnlosigkeit ihres Lebens, die heute wie vielleicht noch nie die Menschen ergreift, stürzen sie sich in immer neue Abenteuer, verschreiben sich aus himmelschreiender Sehnsucht fernöstlichen meditativen Praktiken und erfahren nichts von der heilenden Gewalt des Evangeliums.

Die Schuld der Kirche an der Welt ist unermeßlich. Christen wissen das, und gerade darum können sie sich nicht beruhigen oder gar entschuldigen, sondern werden herausgefordert.

So stellt der Weg der Armut aus Freude uns in Frage. Wir sind in unserem Dasein verstrickt in vielfältige Verpflichtungen, die uns treiben und bestimmen. Wir sind gehalten,

Überlegungen anzustellen, wie wir den Anruf Gottes besser vernehmen können.

Öffnen wir uns der Liebe Gottes, dann werden wir Frieden finden, der alle unsere vernunftmäßigen Vorstellungen übersteigt.

Dazu gehört freilich ein unumgänglicher Schritt: Wir werden sorgfältig prüfen müssen, was in unserem Leben wirklich wesentlich ist, und wir werden liebgewordene Dinge in den zweiten Rang verweisen. Unsere Einstellung zu unserem persönlichen Eigentum wird davon ebenso betroffen wie unsere Wünsche an dieses Leben.

Wir haben uns vor Gott zu verantworten, wie wir mit unserem Geld und unserem Körper, unserem Besitz und unseren Mitmenschen umgegangen sind. Der mittelalterliche Mensch wußte genauer als wir, daß wir nichts besitzen, was uns nicht als Lehen anvertraut ist. Was uns aber anvertraut ist, darüber haben wir Rechenschaft abzulegen.

Heute wird der Christ mehr denn je nach seinem Verhalten als nach seinen Worten beurteilt, und die beste Predigt ist immer noch ein gelebter Glaube. Ein Glaube, der von der Liebe Gottes ausgeht, die uns erträgt, wodurch wir fähig werden, uns selbst und andere zu ertragen. Das gilt auch dann, wenn sie es nach unserer Meinung nicht verdienen. Denn Gott wendet sich von uns auch nicht ab, obwohl wir es verdienten. Wir leben davon, daß wir unverdientermaßen auch in unseren vermeintlichen Erfolgen oder in unseren uns zu schaffen machenden Fehlschlägen der Zusage Gottes trauen können.

Indem wir unsere absolute Abhängigkeit von Gott erkennen, sehen wir unsere Armut und können erfahren, welch große Dinge Gott mit leeren Händen ausrichten läßt. Es legt sich also die Vermutung nahe, daß der sozialen und der seelischen Armut nicht anders beizukommen ist, als daß Menschen in freiwilligen Verzichten die Armut aus Freude praktizieren, sich an die Welt verschwenden, nicht nach sich und ihrem Recht und Genuß fragen, sondern mit ihrem ganzen Leben den Ärmsten dienen, damit es hell wird, wo die Dunkelheit regiert. Daran erinnert uns der Poverello.

IV. GESCHWISTER DES MENSCHEN

Die Charismatiker von überzeitlicher Bedeutung sind in der Regel Originale. Ihre Originalität ist jeweils typisch für sie und macht sie unverwechselbar. So ist das Deutsch Luthers ebenso originell, wie die Lieder Paul Gerhardts ihr eigenes Gepräge haben; die Frömmigkeit Zinzendorfs ist ganz und gar von seiner Originalität bestimmt, während die Diakonie Bodelschwinghs in ihrer Ausprägung in Bethel auf ihn verweist; Barths theologischer Ansatz verrät seinen persönlichen Stil zu denken, während im Unterschied dazu Tillichs Schriften unverwechselbar seinen Stempel tragen. Im Reiche Gottes geht es originell zu, nicht schablonenhaft und niemals langweilig.

So ist auch Franziskus eine höchst originelle Gestalt in der Kirchengeschichte. Er verstand sich als Kind Gottes, und er hat diesen in der Christenheit an sich selbstverständlichen Gedanken in eigentümlicher Form entwickelt. Gott mein Vater, ich sein Kind, so dachte er. Wer solle ihn auch sonst versorgen und erfreuen, verwöhnen und beschützen, ihn, der die Armut zu seiner Braut gemacht hat? Der Ursprung des Seins, der Herr aller Dinge, aus dem alles hervorgegangen ist, es sei sichtbar oder unsichtbar, hatte doch durch Christus bekanntmachen lassen, wer er ist, und wie er angerufen sein will: Vater unser ... Er erlaubt uns, ihn so anzurufen in guten wie in bösen Tagen, bis wir nach unseren irdischen Irr- und Abwegen ans Ziel aller menschlichen Wege gelangen. Das Ziel ist nie der Friedhof, sondern der Vater. Wenn aber alles von dem Vater herkommt, wenn es also nichts gibt, das nicht in ihm seinen Ursprung hat, dann muß alles Seiende geschwisterlich miteinander verbunden sein, denn alles kommt ja von demselben Vater her. Dann ist zunächst einmal jeder Mensch ein Bruder oder eine Schwester, und er ist es unabhängig von seinem individuellen Anderssein, seinen individuellen Vorzügen wie seiner individuellen Schuld. Geschwister sucht man sich nicht aus, mit ihnen ist man schicksalhaft verbunden. So machte Franziskus keinen Unterschied zwischen dem Papst Innozenz III. und einem leprösen Kranken vor den Toren Assisis. Er küßte die beringte Hand wie die zerfressene. Er brachte den durch Reichtum Verstrickten wie den durch materielle Not Heruntergekommenen die Freude Gottes. Diese ansteckende Freude Gottes begleitete ihn auf Schritt und Tritt. Franziskus tat das, was im Augenblick für seinen Nächsten notwendig war. Das Notwendige war nicht immer ein Reden von Jesus, aber immer ein Verhalten, bestimmt von der Liebe Jesu. Einmal wird berichtet, wie ein hungernder Mitbruder heimgesucht wurde von dem Verlangen, Hühnerfleisch zu essen. Franziskus besorgte ihm diese Speise, denn er wollte nicht, daß durch Askese der Mensch gesundheitlich Schaden nähme oder in seiner Fröhlichkeit beeinträchtigt werde. Denn der Vater ist ein Vater der Freude.

Wo ein Verband nötig war, hat Franziskus nicht von der Liebe Gottes geredet, sondern verbunden. Er wußte, wie überwältigend die Liebe Gottes sich mitteilt: Nicht durch große Worte, sondern durch ein gehorsames Tun dessen, was nötig ist. Denn das, was selbstverständlich ist in der Welt, verstand sich für ihn von selbst. Ein nicht allzu häufiges Ereignis.

So wurden alle Menschen seine Geschwister, aber nicht nur sie. Wohin das Auge schaut, sieht man ja nichts, was nicht direkt auf den Schöpfer verweist, der es ins Dasein gerufen hat. Der unvergleichlich schöne Sonnengesang zeigt uns ebenso wie die zahlreichen Legenden, wie Bäume und Tiere, Gestirne und Elemente ihm zu Geschwistern wurden. Das Feuer wie das Wasser, den Wind und die Wolken, alles begrüßte er, von allem ließ er sich selber grüßen. Denn was der Vater erschaffen hat, hat er zur Freude erschaffen. So sprach er mit dem Regen und dem Wind, hielt Zwiesprache mit Gräsern und Blumen und gewann auf diese Weise einen vertraulichen Umgang mit der ganzen Schöpfung. Die Einbeziehung der gesamten Kreatur, der organischen und der anorganischen, in sein theologisches Denken, ja, daß er auch der stummen Kreatur eine Seele zugestand, das ist in dieser Weise ganz und gar seine originelle Eigenart, Schöpfung in einer bis dahin nicht üblichen Weise neu zu entdecken.

Wem solche Gedanken absonderlich vorkommen, der sollte sich fragen, ob es überhaupt je einen Menschen gegeben hat, der einen derartig tiefen Zugang zur Natur gewann wie Franziskus, der einen Baum umarmen und mit Bruder Feuer sprechen konnte. Wenn ein Mensch unserer Tage überlegen lächelnd sein Unvermögen eingesteht, mehr zu erkennen, als was er aus Büchern und Zeitungen weiß, dann sollte er sich sagen lassen, daß die damalige Zeit die von Franziskus in seiner Einzigartigkeit gesehene Schöpfung zu sehen lernte und seine Gedanken aufnahm wie ausgetrocknetes Land das Wasser. Abgesehen davon, daß der Sonnengesang in italienischer und nicht in lateinischer Sprache abgefaßt ist und als sprachlich-literarisches Dokument in Italien eine relativ ähnliche Rolle spielt wie die Lutherbibel in Deutschland, löste die hinter dem Sonnengesang stehende Theologie eine unglaubliche Begeisterung aus: Dichter und Bildhauer, Maler und Musiker ließen sich inspirieren durch diese Hinwendung zur geschaffenen Welt. «Ganz Italien erbebte in einem Schöpfungsfieber» (Gobry).

Ist der Gedanke der Menschwerdung Jesu Christi von seinem innersten Kern her weltbejahend, so wahr Gott in

Christus sich den Bedingungen von Raum und Zeit unterwirft, so hat sich gerade dieses Charakteristikum christlichen Glaubens im Laufe des ersten christlichen Jahrtausends und unter dem Einfluß griechischen Geistes nahezu ins Gegenteil verkehrt. Eine Distanz zur Leiblichkeit wurde mit der Zeit zur Leibfeindlichkeit, Weltverachtung bestimmte das Frömmigkeitsbild vieler Jahrhunderte. Vergehen gegen das sechste Gebot wurden als so schwerwiegend angesehen, daß Sünde und Geschlechtlichkeit geradezu austauschbare Begriffe wurden. Immer wieder wurde der erste Glaubensartikel vom Schöpfer und Erhalter aller Kreatur und der jeder Kreatur innewohnenden Freude zugunsten der anderen beiden Glaubensartikel zurückgestellt, keinesfalls wurde er gleichgestellt, auch später nicht in den aus der Reformation Luthers hervorgegangenen Kirchen. Noch heute gilt es oft als befremdlich, wenn jemand das Wirken Gottes in der Natur in hellen Farben preist. «Der großartige Gesang Gellerts beispielsweise ‹Die Himmel rühmen des Ewigen Ehre› ist in keinem evangelischen Gesangbuch zu finden.»

Zu der ausgesprochen biblisch orientierten Glaubenshaltung des Franziskus gehört die Hinwendung und Freude zu allem Geschaffenen, auch wenn in seinem berühmten Sonnengesang Christus nicht erwähnt wird. Ihm allein verdankt er ja diese Sicht der Welt, das muß nicht ausdrücklich betont werden.

Da alles, was ist, Hinweischarakter hat, weiß sich Franziskus immerzu an seinen Vater erinnert. Die Vögel singen zur Ehre Gottes und uns zur Freude. Die Sonne mit ihrem alles erwärmenden und zum Leben bringenden Licht verweist auf das viel größere Licht, als das Christus sich bezeichnet hat. Die Wasser rauschen, um in den großen Lobgesang der Schöpfung mit einzustimmen. Selbst der geringste Wurm erinnert an die Niedrigkeit Christi auf Erden. Die ganze

Natur entfaltet sich festtäglich im Frühling und Sommer uns Menschen zum Entzücken, weil Gottes Wesen Entzükkendes hervorbringt. Die Früchte des Sommers und des Herbstes, uns zu Nährung und Genuß geschenkt, erinnern gleichzeitig daran, daß auch wir Menschen Früchte bringen sollen, um diese Erde zu bebauen und zu bewahren, damit sie menschlich sei und nicht unmenschlich. Die Ruhe der Natur in der Winterzeit und des Nachts zeigt uns deutlich, wie alle Kreatur Ruhe und Pausen nötig hat, um sich zu erquicken. Wir haben es verlernt, die Gesetze der Natur zu respektieren. Nachdem wir zu jeder Jahreszeit jede Blume und jedes Gemüse kaufen können, nachdem wir die Nacht zum Tage machen und unsere Felder künstlich beregnen lassen können, fällt es uns schwer, auf die Gesetze der Natur zu achten. Die Verletzung aber der natürlichen Ruhezeiten rächt sich in unserer Gegenwart bitter. Ruhelosigkeit und Depressionen sind die Folgen. Wir pflegen keinen geschwisterlichen Umgang mit der Natur. So sind wir aus dem Gleichgewicht gekommen.

Im technischen Zeitalter haben wir nahezu verlernt, diese ganze Schöpfung unter dem Gesichtspunkt der Freude zu sehen, an der der Vater erkennbar ist.

Wir betrachten die Natur als Möglichkeit, in selbstverständlicher Weise unsere Eigeninteressen wahrzunehmen.

Der Einwand, diese Welt sei eine Welt des Leidens, in der Menschen Entsetzliches auszustehen haben, in der auch viele auf ihren Tod warten, kann dem Poverello nicht den Blick dafür trüben, daß die Sterne seinetwegen leuchten und die Blumen seinetwegen blühen. Im Gegenteil: Franziskus durchschaute den Wirkungsbereich von ‹Bruder Tod›, schließlich war er oft genug mit vom Tode gezeichneten Menschen zusammen. Das Maß an Leiden, das er selber zu tragen hatte, vor allem die durch seine Stigmatisierung ausgelösten Qualen, übersteigt meine Vorstellungskraft.

Den Tod konnte er als Bruder bezeichnen, weil er wußte, daß dieser Bruder eine hervorragende Aufgabe erfüllt: Er muß uns direkt zum Vater bringen. Die ganzen Heerscharen des Todes, seine Vorboten, die in Krankheit, Sorgen und Schmerzen in jedes menschliche Leben eindringen, sie haben für Franziskus keine andere Bedeutung, als lebendige Hinweise zu sein auf Christus, der den Mühseligen und Beladenen nahe ist. Viele Menschen bringen auch heute noch den Einwand vor, der christliche Glaube habe sich als wirkungslos erwiesen, da die Last des Leidens in dieser Welt nicht von uns genommen wird. Franziskus wußte es besser: Christus kam nicht, um das Leiden aus der Welt zu schaffen, sondern er kam in die Welt, um das Leid der Leidenden zu tragen und ihnen nahe zu sein. Unter diesem Gesichtspunkt sah Franziskus das, was er auszuhalten hatte. Er sah die Vorboten des Todes nicht mehr selbständig am Werke; denn das würde bedeuten, zerstörerischen Kräften Auge in Auge und ohne jede Chance des Überlebens gegenüberzustehen. Er sah die Vorboten des Todes in ihrer Vorläufigkeit und erkannte den, der sich auf seine Seite stellte: Christus. Darum konnte er sagen: Gelobet seist du mein Herr durch Bruder Tod ...

Die Mühseligen und Beladenen sind nicht einige Menschen, die durch Schuld und Schicksal sich ruiniert haben oder ruiniert worden sind; es sind alle Menschen, die früher oder später offen oder insgeheim ihre Ausweglosigkeit als Menschen, die sterben müssen, erkennen. Sie werden entweder an ihrem Schicksal zerbrechen oder aber den Blick frei bekommen, um das Vorläufige nicht mit dem Endgültigen zu verwechseln.

Unter allen Lasten seines Lebens hätte Franziskus etwa Folgendes gesagt: Gott mein Vater, die Erde meine Mutter, die Welt mein Bewährungsfeld, in dem mir Christus gibt, was ich brauche; was sollte mir fehlen?

So hat er gelebt, so ist er gestorben. Indem er konsequent vom großen Vatersein Gottes ausging, hat er die ganze Welt in der richtigen Perspektive gesehen. Er ist im Gleichklang geblieben mit der ganzen Schöpfung. Allem Geschaffenen war er geschwisterlich verbunden. Das bedeutete für ihn nicht Weltflucht, sondern Weltbejahung. In dieser Haltung hat er seiner Kirche und damit dieser Welt einen unvergessenen Dienst getan und an unaufgebbare Einsichten erinnert. Sein ganzes Leben war ein diakonischer Lobgesang.

V. GESTÖRTE KIRCHE

«Seiner Portiuncula, dieser kleinen Portion Erde, die er brauchte, um zu beten, zu schlafen, zu predigen – hat man einen gewaltigen Dom übergestülpt, die Basilika Maria degli Angeli, in der seine Portiuncula-Kapelle verloren wirkt wie ein Fingerhut in einem Fünfhundertliterfaß; ein kostbarer Fingerhut, diese kleine Kapelle, die auf eine geheimnisvolle Weise an byzantinische Frömmigkeit erinnert, mit ihren ikonenartigen Bildern – gewalttätig und rührend zugleich ist der darüber erbaute Dom» (Böll).

Das Kirchlein in der Kirche – eingemauert oder beschützt? – ist ein steingewordenes Gleichnis für den Widerstreit innerhalb der Christenheit, von dem keine Konfession angenommen ist. Da gibt es die unansehnlichen Wege und die großartigen; das Dienen und das Herrschen; den bedingungslosen Verzicht auf Macht und das ängstliche Verteidigen von Machtpositionen; Kutten und Prachtgewänder; Kapellen und Dome; Repräsentation der Armut Christi und Repräsentation einflußreicher Herrlichkeit. Das alles gibt es in der Kirche dicht nebeneinander. Das führt notwendig zu Spannungsverhältnissen. Die mächtige, alles regulierende, alles kontrollierende Kirche fühlt sich verunsichert, wenn innerhalb ihres Einflußgebietes sich eine Bewegung ausweitet, die aus bisher üblichen Bahnen ausschert. Wie der Dom Santa Maria degli Angeli diese kleine Portiuncula umgibt, so möchte die Kirche alle in ihr entstehenden Geistesbewegungen sehr schnell integrieren. Denn diese Bewegungen stören.

Störungen werden als lästig empfunden. Sie führen zu

Unruhe, Verunsicherung, Unverständnis bei denen, die auf ausgetretenen Wegen gehen und sich das Denken abgewöhnt haben. Keiner läßt sich gerne stören, jeder möchte am liebsten in Ruhe gelassen werden, auch die Kirche. Denn Störungen sind unbequem. Störungen von außen brauchen die Kirche nicht zu beunruhigen; Druck von Staatssystemen, Kritik von Philosophen oder Pamphletisten haben eher zur Festigung der Kirche beigetragen. Hier geht es dagegen um Störungen, die von innen heraus immer wieder die Kirche erschüttern.

Franziskus war solch ein «Störer». Er störte nicht, um zu stören. Er nahm das Evangelium wörtlich, er erinnerte an die Wahrheit, die Kirche zur Kirche macht. Er hatte nichts weiter erwartet, als daß man ihn und seine Anhänger gewähren ließe, so zu leben. Das aber störte empfindlich, damals wie heute.

Der Heilige Geist Gottes aber weht, wo er will und wann er will. Er beruft, wen er will, und wie er will; dieses Walten des Geistes Gottes aber befindet sich in einem Spannungsverhältnis zu den notwendigen Ordnungen und Lehrmeinungen, ohne die kirchliches Leben nicht denkbar ist, die aber ihrerseits ohne den lebendigen Geist Gottes nie entstanden wären. Doch es gibt Verfestigungen von Formen, die langweilig und fade geworden sind, weil Gottes Geist sich nicht in Formeln und Ordnungen bannen läßt. Er bricht sich immer wieder durch lebendige Menschen Bahn. Wo das geschieht, wird Kirche gestört. So kommt es immer wieder zu Störungen, die notwendig sind.

Denn es gibt eine Ruhe, die lebensgefährlich ist. Eine Kirche, in der Ruhe und Ordnung die erste Christenpflicht ist, verrät kaum noch etwas von dem Brausen des Geistes Gottes, dem Feuer der Begeisterung, dem ganz spontanen Ausdruck der Freude. So ist Kirche, um Kirche zu bleiben, auf Kritik angewiesen. Nicht auf Kritik, die sachfremd urteilt, vielmehr auf eine Kritik, die ihre Maßstäbe vom Neuen Testament her nimmt. Eine solche Kritik kann unwiderlegbar sein, provoziert im höchsten Maße und trägt zur Verwirrung derer bei, die ihre Meinungen nicht durch den Heiligen Geist Gottes ändern lassen wollen. Hier regt sich dann auch der Widerspruch.

Dabei ist Kirche auf heilsame Unruhe geradezu angewiesen. Sie verdankt ihren Ketzern und Schwärmern, ihren Mystikern, Heiligen und Propheten, ihren wunderlichen Dienern und ihren gegen den allgemeinen Strom der Gedankenlosigkeit schwimmenden unbequemen Mitgliedern selbst dann, wenn sie über das Ziel hinausschießen, mehr als nur Unruhe. Sie alle haben durch ihre Anstöße dazu beigetragen, daß Kirche Kirche bleibt: Raum der Anbetung und des Gehorsams, Ort der Freude und der Erquickung, Stätte der Aussendung und des Dienstes an den Elenden und Armen; und das nicht aus Pflicht, sondern aus Dankbarkeit. Symbol dieser heilsamen Störung ist die Portiunculakapelle. Sie ist für Franziskus und seine Anhänger der irdisch-sichtbare Mittelpunkt geworden und geblieben. Keine Kirche war ihm lieber als diese Waldkapelle. Hierhin zogen sich die Brüder nach verrichteten Diensten zurück. Rings um das schlichte Kirchlein standen die armseligen Laubhütten, die als Zellen dienten. In Portiuncula fanden erst einmal, dann zweimal im Jahr, zu Pfingsten und zu Michaelis, die großen Brüderversammlungen statt. Tausende von Minderbrüdern kamen schon zu Lebzeiten des Franziskus dort zusammen, um an den Beratungen der großen Ordenskapitel teilzunehmen.

Zögernd und wachsam hatte die offizielle Kirche zur Kenntnis genommen, was sich in und um Portiuncula und bald schon in ganz Italien und darüber hinaus ereignete. Franziskus tat alles, um einen Bruch mit der Kirche, die er liebte, zu vermeiden. Er begab sich nach Rom und machte sein Anliegen deutlich. Er bat um die Genehmigung, nach den Erkenntnissen zu leben, die er nach dem Evangelium als verbindlich ansah. Man ließ ihn gewähren, gab ihm aber zunächst nichts Schriftliches. Die Auseinandersetzungen innerhalb der Kirche waren im vollen Gange. Man sah die Herausforderung und reagierte entsprechend. So verwundert es nicht, daß schon zu Lebzeiten des Franziskus innerhalb seines eigenen Ordens starke Spannungen auftraten zwichen denen, die den radikalen Weg der Nachfolge beschritten, und denen, die einen gemäßigteren Weg bevorzugten. Diese Spannungen dauern bis heute an.

Symbol der Willensanstrengung der offiziellen Kirche, diese Geistesbewegung unter Kontrolle zu bringen, ist der im 16. Jahrhundert über dieser kleinen Kapelle errichtete Dom, ein gewaltiges, künstlerisch umstrittenes Bauwerk. In den gewaltigen Ausmaßen dieser Kirche Santa Maria degli Angeli zeigen sich Macht und Repräsentation, Reichtum und Herrlichkeit einer Kirche, die sich ihrer Herrscherfunktion bewußt ist. Von der Schlichtheit des Franziskus zeugt nur noch die Kapelle, die inmitten des Domes ‹wie ein Fingerhut in einem Fünfhundertliterfaß› verloren dasteht und gleichzeitig der Mittelpunkt, das Herzstück, dieses gewaltigen Domes ist. Später aber geschah im Laufe der Geschichte noch etwas von gleichnishafter Bedeutung: Bei einem Erdbeben in der ersten Hälfte des 19. Jahrhunderts stürzte der Dom ein. Bilder zeigen diese Kirche verwüstet wie nach einem Bombenangriff. Merkwürdigerweise aber hatte die Kuppel, unter der die Portiuncula steht, dem Erdbeben standgehalten, so daß die kleine Kapelle unversehrt die Katastrophe überstand. Sehr bald wurde der alte Zustand wieder hergestellt. Ich will diese Begebenheit nicht überbewerten. Aber so viel mag sie versinnbildlichen: was aus dem Geist Gottes hervorgegangen ist, kann nicht zugrunde gehen, was aus menschlichem Geist geschaffen ist, wird in Trümmer fallen.

So wie die starken Mauern von allen Seiten die Portiuncula umgeben, um das Kirchlein in der Kirche zu integrieren, so möchte andererseits die neue Bewegung die Kirche durchdringen.

Das geschieht immer in harten Auseinandersetzungen, die ja nicht nur ein Zeichen von Uneinigkeit in der Kirche sind, sondern ein Beweis, daß es in ihr lebendig zugeht. Wo in einer Kirche nicht mehr um den richtigen Weg gestritten wird, wo der Friede um jeden Preis vorherrscht, muß man in Sorge sein; wo man sich dagegen mit Leidenschaft um die richtige Auslegung und Anwendung des Evangeliums müht – gerade auch in gegensätzlichen Standpunkten –, da sind hoffnungsvolle Zeichen des Geistes Gottes zu erkennen.

Dieser Streit blieb nicht aus. Mit einem Scheinerfolg versuchte die offizielle Kirche damals die Herausforderung des Franziskus abzuschwächen. Franziskus war gegen Ende seines Lebens nicht mehr der Führer seiner Bewegung. Krankheitsgründe wurden angegeben. Franziskus, der mehr ein Ireniker war als ein Kämpfer, wurde in die Rolle des verehrten großen Begründers abgedrängt.

Er wurde eine Art Ehrenpräsident. Den eigentlichen Kurs des Ordens steuerte nun Elias von Cortona, ein Mann, der Kompromisse zu schließen bereit war, wo Franziskus kompromißlos blieb. Die Kirche bestimmte fortan, was von Franziskus und den über ihn umlaufenden Schriften ins Volk gelangen sollte und was nicht zur Veröffentlichung freigegeben wurde. Es wurde mit allen Mitteln versucht, diese Geistesbewegung zu kontrollieren. Ein Verfahren, das nicht ausbleiben konnte und das doch immer fragwürdig bleiben wird. Keine Macht der Welt kann den lebendigen Geist Gottes dämpfen. Gott schickt immer wieder Menschen, die stören; die der Kirche helfen, unter dem ganzen

Wust von Lehrmeinungen, Dogmen, Kirchenrechten und Liturgien, Traditionen, Ordnungen und Sitten das schlichte, in sich überzeugende Evangelium zu entdecken: die Weisung unseres Herrn so genau wie möglich zu beachten und in die Tat umzusetzen. Sie erfahren eine unauslöschliche Freude, aber die Störung bleibt. Da wir in einer Welt leben, in der wir uns nach deren Regeln einrichten, brauchen wir die Störung, ja werden selber zu Störern, je mehr wir dem Willen Gottes zu entsprechen suchen.

Wie lebendig das franziskanische Anliegen in unsere Zeit hineinwirkt, wird deutlich, wenn wir Berichte über das letzte Konzil lesen. Die sogenannten Armutsbischöfe setzten sich gegen die feudalistischen Strukturen in der Kirche zur Wehr und stritten für die Glaubwürdigkeit des Evangeliums, indem sie gegen Prunk und Machtansprüche Bedenken anmeldeten. Das ging so weit, daß einigen das Wort entzogen wurde.

In den evangelischen Kirchen gibt es eine Fülle von Bruderschaften und Kommunitäten, die skeptisch beargwöhnt werden. Die große Störung ist im Gange, nicht nur in klassischen Reformationszeiten. Die Wahrheit läßt sich nicht unterdrücken.

Wo die Luft in den Kirchen zu stickig geworden ist, suchen sich Menschen Räume, in denen sie freier atmen können.

VI. HEITERKEIT DES GEISTES

In der Geschichte der Kirche wurde Franziskus von Assisi mit dem Namen Pater Seraphicus geehrt. So benannt erscheint er auch gegen Ende des II. Teils von Goethes Faust. Seraphische Freude zeichnet ihn aus. Seraphisch bedeutet so viel wie brennend. Die Liebe Gottes brannte in ihm, sie war ihm eingebrannt. Sie gehörte zu ihm körperhaft wie seine Haut. Sie war ihm buchstäblich in Fleisch und Blut übergegangen.

Zwei Jahre nach seinem Tod wird der Poverello heiliggesprochen. Er ist der Schutzheilige Italiens. Kein Heiliger ist in der katholischen Kirche so beliebt wie Franziskus. In der evangelischen Kirche ist er neben Augustin und Thomas von Aquin die bekannteste Gestalt aus der vorreformatorischen Zeit und bei weitem die liebenswürdigste. Sein Einfluß scheint in gegenwärtiger Zeit eher zu wachsen als zu schwinden.

Fragt man nach dem für ihn typischsten Merkmal, so würde ich weder seinen konsequenten Weg der evangelischen Armut noch seine kindlich-liebenswerte Originalität nennen. Beides ist für ihn bezeichnend, aber das, worauf seine Wirkung eigentlich beruht, ist schwerer zu beschreiben: Er hat eine Heiterkeit verkörpert und vermittelt, die wie die Sonne wirkte und wie ein Frühling. Er, der für seinen Gott alles wagte, gewann eine Überlegenheit, die ihn nicht stolz, sondern liebenswürdig machte, großzügig, taktvoll, anziehend. Die von ihm ausgehende Heiterkeit ist auch heute noch das Kennzeichen franziskanischen Geistes. Ich bin versucht, Armut und Anmut wortspielhaft in diesem

Zusammenhang als Geschwister zu bezeichnen. Abseits von den großen und gewichtigen theologischen Auseinandersetzungen reden, leben und handeln die Minderbrüder aus dem, was sie im Innersten erfüllt: der unauslöschlichen Freude Gottes. Wer es nicht hören will, der hört nichts. Wer aber hört, wird angesteckt von dieser alles verwandelnden Kraft.

Es ist viel über diese Ausstrahlungskraft des Franziskus geschrieben worden. Ein Mann, der wirkte wie die Sonne; kein Kämpfer, kein Gelehrter, kein wortgewandter Prediger; eine Elendsgestalt, arm, krank und klein, aber Gottes Freude strahlte durch ihn hindurch, wie die Sonne durch ein buntes Kirchenfenster einen dunklen Raum mit Licht und Freundlichkeit erfüllt.

Mario von Galli hat versucht, dieser Wesensart auf den Grund zu kommen und ihr Charakteristikum zu beschreiben: Güte anderen gegenüber und gegen sich selbst; uneingeschränkte Barmherzigkeit; Überlegenheit, die keinen Stolz kennt; Sanftmut ohne Schwäche; der leise Ton, vernehmbarer als gewaltige Reden; das Verstehen des anderen mit dem Herzen; Zuvorkommenheit, die nicht beschämt; Aufmerksamkeit, wo andere vorbeigehen; Takt auch im Umgang mit groben Sündern; das untrügliche Gespür für das richtige Handeln im richtigen Augenblick. Was den Poverello so liebenswert macht, ist weit mehr als ein bißchen Humor, über den er auch verfügte, oder eine vorübergehende Freude. Ich bleibe bei dem Begriff Heiterkeit. Es ist die Heiterkeit, aus Gott geboren, die ihre Ausstrahlungskraft bis heute nicht eingebüßt hat.

Dieser Wesenszug ist ganz und gar ungezwungen. Er beruht nicht auf Stimmungen, unter denen Franziskus auch zu leiden hatte. Er ist nicht abhängig vom Beifall oder der Verachtung der Menge. Die Heiterkeit des Geistes ist der cantus firmus seines Lebens, und zwar unabhängig von

Krankheit und Gesundheit. Bezeichnend für Franziskus ist die Tatsache, daß er gerade im Zustand seiner qualvoll sich anbahnenden Erblindung den Sonnengesang dichtet und Gott den Vater für das Licht preist. Er preist Gott für das Licht der Sonne, vor der er seine schmerzenden Augen schützen muß, wobei er nicht weiß, wie lange er sie überhaupt noch sehen kann.

Die Menschen, denen er begegnet, werden durch ihn nicht bloßgestellt. Sie werden nicht durch sein Vorbild oder seine gewiß außerordentlich starke Disziplin in die Enge getrieben, als sei er etwas und sie nichts. Sie werden von ihm erwärmt und beglückt und aus allen Engen herausgeführt in weite Räume. Ihn umgibt eine Heiterkeit, die sich nicht schrecken oder einschüchtern läßt durch das, was einem in dieser Welt den Atem verschlagen kann. Päpste und Sultane, Kriminelle und Verbitterte sind entwaffnet durch das, was er verkörpert und mitteilt. Er läßt sich das Gesetz des Handelns nicht aufzwingen. Ein Mensch mag reagieren, wie er will; böse, unbußfertig oder dankbar; eine Situation mag sein, wie menschliche Situationen eben oft genug sind; verworren, ausweglos, verzweifelt – Franziskus hat sich nicht hinreißen lassen von den Leidenschaften der Menschen, weil er leidenschaftlich hingerissen war von der Zuwendung Gottes aller Kreatur gegenüber. Von dieser Grunderfahrung aus hat er agiert, er hatte es darum nicht nötig, verletzt oder entrüstet zu reagieren. Er hat Böses nicht mit Bösem vergolten, mit entwaffnender Heiterkeit hat er oft genug Böses überwunden. In diesem Verhalten liegt der ganz einfache Grund christlicher Ethik. Der Mensch, der vergnügt ist in Gott, läßt sich nicht bestimmen von den Leidenschaften in dieser Welt; aber er wird nicht leidenschaftslos-langweilig, er läßt sich leidenschaftlich vom Evangelium her bestimmen. An dieser Stelle lernt kein Christ aus. Denn beleidigt uns jemand, so reagieren wir aggressiv. Franziskus dachte anders. Begegnete ihm jemand gehässig, so nahm in Franziskus der Gedanke Gestalt an, wie sehr gerade so ein Mensch, der zu seinem eigenen Unglück vielleicht noch nicht einmal sich selber ertragen kann, Christus braucht, der uns trägt und erträgt. Das alles hat er nicht dogmatisch-lehrhaft dem anderen eröffnet, er ist ihm barmherzig gegenübergetreten. Eine solche geradezu leibbestimmte Predigt wurde damals verstanden. Und heute ist das nicht anders.

Die Heiterkeit, aus Gott geboren, läßt sich auch nicht verleiten, auf Biegen oder Brechen etwas durchzusetzen. Auch nicht um der sogenannten Wahrheit willen. Denn, so sagt Franziskus, in weiser psychologischer Erkenntnis, es lohnt sich nicht, wegen einer vermeintlichen Wahrheit Sturm zu laufen. Die falschen Leute klatschen Beifall, Verhärtungen auf beiden Seiten sind die Folgen, und die sich zwischen den Fronten einig sind, bilden eine dritte Gruppe. Separationen bahnen sich dann an. Der entstandene Schaden ist ärger als zuvor.

Also alles auf sich beruhen lassen, sich einfach abfinden mit den unheilvollen Zuständen innerhalb der Kirche und außerhalb von ihr? Keineswegs.

Franziskus wußte: Es kommt nicht auf die großen Paukenschläge an, die imponieren, sondern auf das schlichte Tun in Jesu Namen, das die Menschen und Verhältnisse verändern kann. Er setzte das Evangelium in die Praxis um. Er traute dem Wort und hatte, was es verspricht: Gewißheit, Kraft und Seligkeit. Praktizierter Glaube ist Salz der Erde, und Salz brauchte man damals, weil sonst alles faul wurde. Gelebter Glaube wirkt der Zersetzung entgegen. Dabei geht es nicht um Leistungssteigerung, es geht überhaupt nicht um das, was wir tun, sondern um das, was wir sind. Es geht um die Kräfte, die uns bestimmen und ausfüllen.

In einem Haus, das von Franziskanern betreut wurde,

fragten einige Gäste die Minderbrüder: «Was machen Sie hier eigentlich den ganzen Tag?» Die Antwort lautete: «Nichts Bestimmtes.» Ein wenig später die Zusatzantwort: «Wir haben Zeit.» Die Gäste aus Deutschland hatten ihre Vorstellungen: Zu einem erwachsenen Mann, der dazu noch akademisch ausgebildet ist, gehören Termine, Konferenzen, er muß ja schließlich den Nachweis bringen, wie gefordert er ist. So erregte diese Antwort eine gewisse Ratlosigkeit, zumal jeder wußte, daß man es hier mit disziplinierten Menschen zu tun hatte, geistig und körperlich durchtrainiert. Auf weitere Fragen kam die Antwort: «Wir verstehen unser Leben in erster Linie als ein Sein und nicht als ein Tun.» Diese Lebensweise steht dem Gesetz der Leistungsgesellschaft diametral entgegen. Muße und Geselligkeit, stille Betrachtung und Zeithaben für andere sind ihre bestimmenden Werte und Kräfte.

Die Heiterkeit des Geistes, verkörpert durch Menschen, die nichts anderes sein wollen als Werkzeuge ihres Herrn, setzt zu allen Zeiten Kräfte frei, die wir Menschen nötig haben. Solche Impulse gehen heute noch von der franziskanischen Bewegung aus. Denn keiner lebt von dem, was er leistet. Viele Menschen, gerade auch jüngere, überlegen sich heute, wie sie dieser Zeit als Christen am besten dienen können. Sie haben verstanden, daß wir keine neuen Lehren brauchen, keine Appelle, und daß organisatorische Maßnahmen nur ein relatives Recht haben, um das Leben attraktiv zu machen. Die unzerstörbare Heiterkeit ist so anziehend, daß Menschen, deren Leben mitten im Überfluß sinnentleert wurde, plötzlich wieder einen Sinn in ihrem Leben und damit eine nie gekannte Freude erfahren.

So muß es vielen Menschen ergangen sein, die Franziskus begegneten. Dieser Eindruck ist auch acht Jahrhunderte nach seinem Tode nie verwischt worden. Franziskus hat zu keiner Zeit nach seinem Erdenleben aufgehört zu wirken.

Das hängt damit zusammen, daß er wie Johannes der Täufer, mit dem er oft zusammen auf Bildern dargestellt ist, ganz zurücktrat, um die uns umgebende Wirklichkeit transparent zu machen. Er hat nirgendwo im Wege gestanden, aber immer den Weg gewiesen auf Christus hin.

Die Tiefe einer solchen inneren Heiterkeit führt zur Höchstform des Menschen, denn es ist hier in ihr eine Überlegenheit, die den Tod mit einbezieht.

Das ist nicht selbstverständlich. Im wissenschaftlichen Marxismus ist eine so elementare Tatsache wie das Sterben nicht aufgearbeitet. Der Mensch der Gegenwart, der nahezu alle Tabus abgeschafft hat, hat ein neues Tabu: den Tod. Viele verdrängen diese elementarste Tatsache ihres Lebens in verhängnisvoller Weise. Viele Menschen können und wollen keinen Toten mehr sehen, ein Besuch auf dem Friedhof erscheint ihnen als Zumutung, sie nehmen an keiner Beerdigung mehr teil. Immer wieder liest man in Zeitungen, daß auch beim Tode hochbetagter Menschen von «einem plötzlichen und unerwarteten Verlust» gesprochen wird.

Wir sind weit entfernt von Gedanken, wie sie zum Beispiel Matthias Claudius immer kostbar waren. Er stand auf vertrautem Fuß mit dem Sensenmann wie auch Franziskus. Wer nicht weiß, daß der Tod der große Verlierer ist, kann keinen rechten Zugang zum Leben finden, ja er hat den Kern- und Angelpunkt der Christusbotschaft nicht verstanden. Er kann darum auch nicht heiter sein. Wie sollte er, wenn alle seine Gedanken nur auf dieses Leben gerichtet sind, je heiter werden? Er muß, um weiterzuleben, geradezu den Tod verdrängen. Das führt aber, wie alles, was verdrängt wird, zu schweren Störungen, die gerade der Verstörte oft nicht einsehen will. Ich bin überzeugt, daß jeder moderne Mensch alles stehn und liegen lassen würde, wenn er begriffe, was für eine Überlegenheit und Heiterkeit ihm aus dem Evangelium erwächst. Denn auch der moderne Mensch sehnt sich nicht weniger als der mittelalterliche nach den Kräften, über die wir nicht verfügen, die uns aber nach Gottes Willen zugedacht sind.

Wer den Tod ausklammert, betrügt sich. Denn letzten Endes kann das niemand. Er ist entweder stoisch, bis auch seine Haltung eines Tages zusammenbricht, weil wir ein Gehaltensein brauchen und nicht nur Haltung; oder er ist heiter, weil er weiß: der Schöpfer will seine in ihm wohnende Freude in Ewigkeit mit seinen Geschöpfen teilen. In dieser Gewißheit war Franziskus heiter. Nichts kann diese Heiterkeit auslöschen. Sie kann sich nicht abnutzen wie die Freude, die auf Erfolg und Anerkennung, auf Geld und jugendlichen Kräften fußt. Sie entzieht sich nicht den Anforderungen in dieser Welt. Sie befähigt uns, in den Verhängnissen von Krankheit, Schuld und Schicksal nicht zu verzweifeln. Sie erfüllt mit berechtigter Hoffnung, wo nichts mehr zu hoffen ist.

Franziskus lebte, um ein Wort Fontanes zu gebrauchen, «leicht ohne Leichtsinn.» Die Leichtigkeit ist es, die uns in ihm so wirkungsvoll begegnet. Sie zeigt uns gleichzeitig in einer nicht moralischen, aber sehr evangelischen Weise, daß das Einlassen auf das Evangelium eine unversiegbare Quelle der Heiterkeit ist.

Bei den aus der Reformation entstandenen Kirchen und ihren Gliedern hat diese Heiterkeit in den Wechselfällen der Geschichte wie in unmittelbar erfahrenem Leid außerordentlich plastische Züge angenommen.

Vor allen anderen nenne ich Paul Gerhardt, den Botschafter der Freude. Nur auf dem Hintergrunde der unauslöschlichen Freude, die einen Menschen erfüllen kann, ist die Zeile aus seinem Osterlied verständlich: «... das Unglück ist mein Glück, die Nacht mein Sonnenblick» (EKG 86,5).

Wer diesen Hintergrund nicht sehen kann, dem müssen

solche Zeilen aus dem Evangelischen Kirchengesangbuch als eine unerträgliche Zumutung erscheinen. Aber jede Zeile dieses volkstümlichsten evangelischen Liederdichters ist durch sein persönliches Leben gedeckt. Er war durchdrungen von der aus dem Evangelium in uns übergehenden Heiterkeit, die immer noch leuchtet, wenn in dieser Welt nichts mehr leuchtet.

Ob Paul Gerhardt etwas von Franziskus gewußt hat, weiß ich nicht. Ich weiß es auch nicht von dem unbekannten alten evangelischen Pastor, der kürzlich starb und seinen Mitarbeitern und Angehörigen in seinem Siechtum folgendes Glaubensbekenntnis sagte: «Ich weiß, daß ich vollständig von Güte umgeben bin. Ich weiß, daß diese Güte anrufbar ist und antwortet. Dieser Güte traue ich.»

So wird die Gelassenheit, in der Franziskus lebte, immer wieder und zu allen Zeiten bei Menschen verschiedener Konfessionen erfahren. Sie macht deutlich, daß franziskanischer Geist letztlich der Geist Jesu ist, in dem sich in Assisi viele ökumenische Begegnungen ereignen.

VII. ANDACHT IN ASSISI

Viele Menschen suchen Ruhe und Stille, um zur Besinnung zu kommen. Assisi lädt dazu ein – trotz der Touristenströme. Wer in den franziskanischen Stätten sich Führungen anschließt, kann es erleben, daß die dafür verantwortlichen Minderbrüder zur Besinnung verhelfen können. Sie möchten deutlich machen, was gegenwärtig gilt, nicht so sehr, was einmal war. Einer sagte: «Wer die Passion Christi betrachtet, gelangt zur Kompassion. Wer zur Kompassion gelangt, gewinnt einen Kompaß für sein Leben. Er weiß, welche Richtung er einschlagen muß.»

Wer die Stille sucht, kann trotz des starken Fremdenverkehrs in der Stadt Orte und Möglichkeiten nutzen, um ungestört Einkehr zu halten: Unweit des Marktplatzes befindet sich das schon zu Franziskus' Zeiten vorhandene Kirchlein San Stefano. Dort habe ich selten einen Touristen getroffen. Dasselbe gilt für die uralte Kirche San Giacomo, unweit des gleichnamigen Stadttores gelegen. In der kleinen Pilgerkapelle in der Via San Francesco, wo bei absoluter Stille immer Menschen beten, wird der Besucher hineingenommen in den großen Kreis der Menschen, die aus dem Gebet Kräfte für ihr Leben sammeln. Auch die Kapellen der zahlreichen weiblichen Kongregationen – unabhängig davon ob es deutsche Schwestern sind, französische oder südamerikanische – laden eher zur inneren Sammlung ein als die berühmten franziskanischen Stätten, die so oft, wenn auch nur zu bestimmten Zeiten, völlig überlaufen sind.

Es empfiehlt sich, in der Morgenfrühe aufzubrechen und unterhalb der Stadt durch die Felder nach San Damiano zu wandern. Bei dieser etwa einstündigen Wanderung hat man immer die Stadt, eingerahmt von San Francesco und der Kirche Santa Chiara, linker Hand liegen und findet am frühen Vormittag San Damiano menschenleer. Überhaupt bietet sich diese Tageszeit an, um zur Portiuncula oder nach Carceri zu wandern. Da wenige Menschen morgens unterwegs sind, ergibt sich die Gelegenheit, mit den Minderbrüdern gute Gespräche zu führen. Sie sind darauf gerüstet und empfangen den Besucher nicht als Störer, im Gegenteil: entgegenkommend.

Wer will, mag nun als Hilfe für eigene Betrachtungen die folgenden kurzen Meditationen lesen. Biblische Erkenntnis wird hier mit franziskanischem Gedankengut veranschaulicht. Dabei geht es nicht um Helden- oder Heiligenverehrung in unangemessener Weise. Es geht auch nicht um Textauslegungen im streng theologischen Sinne. Sie wollen vielmehr mit dem Ernst und der Freude vertraut machen, in denen sich Franziskus als Nachfolger Christi verstand.

1. Vom kindlichen Geist

Ihr habt nicht einen knechtischen Geist empfangen, daß ihr euch abermals fürchten müßtet, sondern ihr habt einen kindlichen Geist empfangen, durch welchen wir rufen: Abba, lieber Vater (Römer 8,15).

Das Gegenteil von Knecht ist nach biblischer Aussage nicht Herr, sondern Kind. Wer Knecht ist, lebt im Ungewissen, er muß sich fürchten. Wer Kind ist, kann sich unbeschwert verhalten, er ist erbberechtigt.

Jesus sagt: «Werdet wie die Kinder.» Das heißt nicht: Bleibt wie die Kinder. Das wäre bei Erwachsenen kindisch. Franziskus hat sich sein Leben lang darin geübt, zu werden wie ein Kind. Wir hören heute viel vom mündigen Menschen. Der mündige Mensch will sich nicht bevormunden lassen. Er will sich frei machen von allen Kräften, die die Entfaltung seiner Persönlichkeit verhindern. Er will alle Knechtschaft ablegen, notfalls mit Gewalt, um zu einem Leben zu kommen, das frei von Zwängen ist. So wird es heute überall verkündigt. Das klingt einleuchtend, wer will schließlich nicht aus Zwängen heraus in die Freiheit gelangen? Die Freiheit der westlichen Welt als Folge demokratischer Grundordnungen ist ebenso kostbar wie problematisch. Kostbar, sehr kostbar ist sie, weil wir denken, sagen und glauben können, was wir wollen; problematisch ist sie, weil wir oft nicht mehr wissen, was wir denken, sagen und glauben können; es ist alles fragwürdig geworden. Wir sind einem krassen Materialismus verfallen, der mehr und mehr seine Opfer fordert. Es gelingt uns mit den Mitteln unserer Erkenntnis nicht, den von Paulus bezeichneten Knechtsgeist abzulegen wie einen alten Mantel. Ängste breiten sich aus.

Wir sind geknechtet durch die Zeit, die uns hetzt; durch die Angst, etwas zu verpassen; durch die Mode, die uns nötigt; durch Konventionen, die unser Leben einengen. Wir sind arm dran mit unserem Pochen auf sogenannte Rechte; auf das Recht auf Heimat, auf Erfolg, auf Gesundheit, auf Selbstverwirklichung. Es gibt schon zu viele Menschen, die ihre Heimat verloren haben, beruflich ganz anderes erwartet haben, krank oder nicht zum Zuge gekommen sind. Denn das Leben geht nicht auf wie eine Mathematikaufgabe.

Aus diesem Gestrüpp können wir herausfinden, wenn wir wie Franziskus die einfache Wahrheit erkennen: Ihr könnt in einem uneingeschränkten Vertrauen leben. Gott der Herr erlaubt uns, ihn als Vater anzureden. Seine väterliche Zuwendung ist sichtbar, wohin ein Mensch auch schaut. ‹Ist Gott für uns, wer mag wider uns sein?› (Röm. 8,31). Es gibt nichts Beglückenderes, als in einem Vertrauen zu leben, das alles überdauert.

Freilich können wir die ganze Welt durchmessen und zu ergründen suchen. Wir gewinnen Informationen, bilden uns Meinungen, sind irgendwo Fachmann. Aber Vertrauen, die Voraussetzung eines Lebens ohne Ängste, das gewinnen wir nicht. Das geht uns eher noch ganz verloren, und es ist mit keiner unserer Energien zu retten oder aufzubauen.

Der dänische Philosoph Kierkegaard meinte, man müsse irgendwann zu einer zweiten Naivität zurückfinden. Er meinte damit die Hinwendung zum kindlichen Geist, die Öffnung zu Gott hin mit leeren Händen. Franziskus lebte so, und seine leeren Hände wurden gefüllt. Er hat nicht eine mittelalterliche, er hat eine allzeit gültige Wahrheit erprobt und gelangte von einer Freude zur anderen. Wenn der mündige Mensch nicht erkennt oder wahrhaben will, daß er vor Gott «unmündig» sein darf, ja sein soll, dann kann ihm nicht mehr geholfen werden. Er muß sich abermals fürchten.

2. *Vom Dienen*

Des Menschen Sohn ist nicht gekommen, daß er sich dienen lasse, sondern daß er diene und gebe sein Leben zu einer Bezahlung für viele (Matth. 20,28).

Die franziskanische Bewegung versteht sich diakonisch. Dienen um Christi willen ist gerade das Wesen dieses Ordens. Damit aber ist der Auftrag aller Christen in der Welt umschrieben. Dieser Auftrag ist keine Pflichtübung, um ein Soll zu erfüllen. Er entwächst aus der Dankbarkeit, weil Christus uns zuerst gedient hat – und noch dient.

Der Grund, weswegen wir lieber herrschen wollen als dienen, ist durchschaubar: In einer Gesellschaft, die sich dem Leistungsprinzip verschrieben hat, müssen wir dynamisch sein, einflußreich, von Erfolgen gekrönt. Viele leben unter dem Zwang, ihre Daseinsberechtigung vor der Öffentlichkeit nachweisen zu müssen.

Das aber ist eine der großen Lebenslügen. Alte und Kranke, Behinderte und Gescheiterte leben unter uns, sie können nicht Schritt halten, sie kommen sich oft überflüssig vor. Um so notwendiger ist es, deutlich zu machen, daß der Wert eines Menschen nicht davon abhängt, erfolgreich zu sein, sondern davon, daß er sich als Kind Gottes begreifen kann. Darum dient uns Christus.

Die Folge ist Dankbarkeit. Diakonie ist der Dienst der Dankbaren, die frei geworden sind, sich unablässig beweisen zu müssen, daß ihr Leben nur durch Leistung sinnvoll ist. Christus, der uns vorbehaltlos annimmt, gibt uns zugleich den Maßstab für unser Verhalten Menschen und Geschikken gegenüber. Er bestimmt das Gesetz des Handelns und nicht die Umstände.

Dieser Gedanke ist bei uns unterentwickelt. Ist jemand freundlich und dankbar, dann helfen wir gerne. Ist jemand schuldig geworden, dann sagen wir: Er hat sich die Suppe selbst eingebrockt, er soll sie auslöffeln. Ist jemand unleidlich (vielleicht sogar infolge von Schmerzen oder aus Mangel an Liebe), dann wenden wir uns eher von ihm ab als zu ihm hin. So ist unser Verhalten in der Regel nichts anderes als eine Reaktion auf das, was uns begegnet. Was tut ihr Besonderes, sagt Jesus, wenn ihr nur denen Gutes erweist, die euch Gutes erweisen?

Dasselbe gilt für das, was uns im Leben widerfährt: Ein guter Tag macht uns ausgeglichen und froh, ein böser Tag macht uns aggressiv, ratlos oder verzweifelt. Ein christusorientiertes Leben verhilft uns aber dazu, von den Reaktionen der Menschen und den Wechselfällen des Lebens weitgehend unabhängig zu werden.

Eine alte Franziskanerschwester fragte ich, wie sie das durchhielte, ihren Dienst an den unterschiedlichsten Menschen zu tun, ohne zu resignieren. Sie sagte, sie habe ein langes Leben hindurch geübt und übe sich noch täglich darin, zu agieren von Christus her und nicht zu reagieren auf Lob, das stolz machen kann, oder auf Gemeinheiten, die zur Verbitterung führen können. Ihr Dienen bestand darin, in ihrem persönlichem Leben und im Umgang mit anderen Menschen zu agieren und nicht zu reagieren. Eine größere Freiheit, zur eigenen Persönlichkeitsentfaltung zu kommen, gibt es nicht.

So hat Franziskus gedient. Er diente denen, die es ihm dankten, und er wandte sich von denen nicht ab, die fluchten oder verbittert geworden waren. Er wußte: Gerade sie brauchen nichts so dringend wie die Güte Gottes, der sich ja auch von uns nie abwendet, obwohl wir böse sind. Dieses Dienen erwächst aus der Dankbarkeit darüber, daß Gott sich in Christus zu uns aufmacht. Es ist in unserer Zeit eine stärkere Predigt, als wir mit Worten erreichen können.

Wer sich allein von Gottes Handeln und nicht durch das Gesetz von Menschen oder Umwelt bestimmen läßt, kann dieser Welt noch am wirkungsvollsten dienen.

3. Von der Demut

Was töricht ist vor der Welt, das hat Gott erwählt, daß er die Weisen zuschanden mache; und was schwach ist vor der Welt, das hat Gott erwählt, daß er zuschanden mache, was stark ist. (1. Korinther 1,27)

Die Voraussetzung für das Armsein des Franziskus ist nicht zwangsläufig die Besitzlosigkeit. Es ist vielmehr das Bewußtsein totalen Angewiesenseins auf Gott, ohne den wir nichts haben und sind. Dieses totale Angewiesensein ist erfahrbar, sowohl im Mangel wie im Überfluß irdischer Güter. Diese allerdings können sehr hinderlich sein, unser Armsein vor Gott zu erkennen. Die Erkenntnis unserer Abhängigkeit von Gott in jeder Beziehung und die Bejahung dieser Einsicht ist Demut im eigentlichen Sinne.

Solche Menschen erwählt sich Gott. Es sind die Törichten, für die Geld und Karriere nicht alles sind; die sich Zeit für das Hören auf Gottes Weisung nehmen. Welche Verschwendung, da doch Zeit Geld ist! Die Starken und Klugen sind gefährdete Menschen. Sie schreiben sich leicht ihre Stärke und Klugheit selber zu, sichern ihr Leben ab und können doch, wenn es hart auf hart kommt im Leben, sich überhaupt nicht absichern. Sie werden zuschanden, damit sie sich noch auf ihr Armsein vor Gott besinnen können, der uns vieles aus der Hand schlägt, denn seine Fülle ist nur mit leeren Händen zu fassen.

Das Gegenteil von Armut im biblischen Sinne ist nicht irdischer Reichtum, sondern der Hochmut, ohne Gott das Leben bestehen zu können. Auch wenn man rechtschaffen und bescheiden lebt, ist es vermessen, das Leben aus sich heraus verstehen und meistern zu wollen. Keine Pflanze kann ohne Wurzel existieren. Menschen, die ohne Gott ihr Leben zu verstehen suchen, gleichen den Blumen in der Vase, die sich eine ganze Zeit halten können, schließlich aber doch dahinwelken. Demütig ist der, der nicht leugnet, daß unser «Dichten und Trachten böse ist von Jugend auf» (1. Mose 6,5). So hielt sich auch Franziskus für einen elenden Sünder. Das war kein Kokettieren mit der Sünde. Es beruhte auf der tiefen Einsicht, daß wir Menschen zum Sterben verdammte Sünder sind, deren Stärke und Klugheit verfliegt wie ein Rauch.

Dieses sein armes Leben hat Franziskus Gott bedingungslos untergeordnet. Er begegnete mitten im Tode dem Leben. Und es hat Gott gefallen, dieses elende Leben zu erwählen vor den Starken und Klugen seiner Zeit und aller Zeiten.

Das ist ein Gesetz im Reiche Gottes: Wer von sich und seinen Möglichkeiten nichts, von Gott und seinen Möglichkeiten aber alles erwartet, der ist ein Segen für diese Welt. Denn die Weisen und Klugen sollen ja nicht zuschanden werden. Sie werden von Männern und Frauen, die wie Franziskus dieser Welt dienen, daran erinnert, daß ein demütiges Leben in die Freude führt und die einzige Möglichkeit ist, in dieser Welt konstruktiv zu wirken.

4. Von der Leiblichkeit

Und das Wort ward Fleisch und wohnte unter uns (Johannes 1,14).

Betrachten wir das weihnachtliche Geschehen von der Menschwerdung Gottes in einem umfassenden Sinne, dann können wir sagen: Alle Wege Gottes zu uns Menschen hin werden konkret, sind leiblich. Gottes Liebe wirkt sich konkret oder gar nicht aus. Wir wissen nur von Gott, weil er sich leibhaftig bekanntmacht. Der sich unter die Bedingungen von Raum und Zeit stellende Gottessohn nimmt unser Fleisch und Blut an. Konkreter kann nicht von Gott geredet werden als von Christus her.

Im Laufe der Kirchengeschichte bis hinein in die Neuzeit gibt es Formen der Leibfeindlichkeit, Gott zur Unehre. Franziskus führte das mittelalterliche Italien aus der Leibfeindlichkeit heraus. In seinem herrlichen Sonnengesang weckte der Poverello den Blick für die vor Freude sich schmückende, singende und leuchtende Schöpfung. Uns zur Freude ist alles geschaffen, was blüht.

Infolgedessen ist auch die Askese, der er sich unterwarf,

anders akzentuiert als z. B. die des jungen Luther, der sich als Augustinermönch bis zur Ohnmacht kasteite. Franziskus lehrte, daß der Selbsthaß ausgeschlossen bleiben müsse, denn wenn Gott uns liebt, haben wir kein Recht, uns zu hassen, sondern können uns selbst ertragen. Väterlich wachte Franziskus darüber, daß seine zahlreichen Anhänger asketische Übungen nicht übertrieben. Keiner sollte Schaden nehmen, weder an seiner Seele noch an seinem Leibe.

Letztlich ging es um das rechte Maß seinem Körper gegenüber, den er liebevoll Bruder Esel nannte. Er hat in dieser Hinsicht, wie auch in anderen Umgangsformen, mit sich und anderen Menschen intuitiv psychologische Erkenntnisse praktiziert, wie ja überhaupt große Seelsorger der Christenheit aus einem tiefen Verständnis des Evangeliums heraus genau das getan haben, was erst heute auf Grund psychologischer Forschung lehrbar ist.

Franziskus wußte, daß der Leib ganz bestimmte Bedürfnisse hat, die er befriedigen muß, weil der Leib sonst nicht das leisten kann, was Gott von uns erwartet. Denn wir dienen Gott ja mit unserer ganzen Gestalt; wir brauchen Schlaf, Essen und Trinken, Wärme, Muße, Anspannung und Entspannung, damit wir mit ganzer Kraft dienen können, wo wir gebraucht werden.

Franziskus wußte aber auch, daß der Bruder Esel seine Tücken hat. Er ist von Natur aus träge, ruht länger als nötig, frißt mehr als gesund ist, trinkt auch, wenn er keinen Durst hat, geht lieber bergab als bergauf und, wenn es irgendwie geht, ohne Gepäck. Aus diesem Grunde braucht Bruder Esel Zügel.

Von diesen Erkenntnissen her hat Franziskus ein ausgewogenes Maß für seine asketischen Übungen gefunden, ein Maß, das gültig bleibt.

So ist er auch hierin ein Lehrmeister, um uns zu einer recht verstandenen Leiblichkeit zu verhelfen.

5. *Von der Gewaltlosigkeit*

Laß dich nicht das Böse überwinden, sondern überwinde das Böse mit Gutem. (Römer 12,21)

Die Geschichten und Legenden, die sich um das Leben des Franziskus ranken, enthalten alle zeitgültige Wahrheiten. So auch die klassische Legende von dem Wolf bei Gubbio. Sie stand in den Lesebüchern italienischer Schulen und galt als Musterbeispiel für Friedenstiften und Gewaltverzicht.

Franziskus war nicht ein Gegner jeder Gewalt. Denn die Gewalt der Liebe Gottes ist größer als die Gewalt aller gerüsteten Armeen der Welt. Franziskus trat für die Gewalt der Liebe Gottes auf den Plan. Jede brutale Gewalt, jede Form handgreiflicher oder psychologischer Gewalt war ihm zuwider. Unter Gewaltlosigkeit ist also der Verzicht auf Gewalttätigkeit gemeint.

Die Geschichte ist einfach: Ein Wolf versetzt die Einwohner von Gubbio in Angst und Schrecken. Tiere werden gerissen, Menschen angefallen, keiner wagt sich mehr vor das Stadttor. Die Männer von Gubbio rüsten sich bis an die Zähne, um das Untier zu erledigen, aber es gelingt ihnen nicht. Zu dieser Zeit nähert sich Franziskus der Stadt und erfährt von der tiefsitzenden Angst der Bewohner. Er macht sich zum Mittler, sucht den Wolf völlig unbewaffnet im Walde auf und kommt mit ihm zu einer Vereinbarung. Wenn ihm regelmäßig vorm Stadttor ausreichend Nahrung hingeworfen wird, verpflichtet er sich, kein Unrecht mehr zu begehen. So geschieht es: Die Bürger von Gubbio versorgen das Tier und können fortan ohne Angst leben und ihre Herden ungestört vor der Stadt weiden lassen. Bei Menschen und Tieren ist die Angst gewichen.

Nicht Unnachgiebigkeit, sondern Kompromißbereitschaft hilft in Konfliktfällen weiter. Dazu werden Menschen gesucht, die ohne Furcht und im Gehorsam vor Gott

Mittlerdienste leisten. In dieser Welt wird gekämpft um das Recht, die Freiheit und das Leben. Es wird mit Erbitterung, mit hohen Kosten und ohne Gnade gekämpft. Das ist das immer gleichbleibende Lied in der Geschichte, aus der so erschreckend wenig gelernt wird. Aber der gute Zweck heiligt niemals die Mittel.

Gesucht werden Friedensstifter, die das Böse mit Phantasie und im Vertrauen auf Gott überwinden.

6. Von der Toleranz

Da sprach Jesus zu den Zwölfen: Wollt ihr auch weggehen? Simon Petrus antwortete und sprach: Herr, wohin sollen wir gehen? Du hast Worte des ewigen Lebens, und wir haben geglaubt und erkannt, daß du bist Christus, der Sohn des lebendigen Gottes. (Johannes 6, 67–69)

Was steht der Ausbreitung des Glaubens so ganz und gar blockierend im Wege? Es ist einerseits die bedrohliche Gleichgültigkeit vieler Christen, die nichts Beglückendes ausstrahlt und vermitteln kann; andererseits ist es die ideologische Gestalt, in der Glaubenshaltungen sich äußern und die den anderen nicht anders zu sein erlaubt.

Wenn das Evangelium, das uns Christus aufgetragen hat auszubreiten wie einen fruchtbaren Regen über ein ausgetrocknetes Land, sich nicht mit der Liebe Christi durchsetzt und die Herzen gewinnt, kann nichts zum Blühen kommen. Geschieht Mission, vom Kindergottesdienst bis zur Heidenmission, anders motiviert als von der Liebe Christi, dann nimmt sie ideologische Züge an. Daß dies in der Christenheit immer wieder geschah und geschieht, ist eine schwere Belastung. Kennzeichen solcher Praktiken sind alle Formen von Druckanwendung: Man ignoriert die Abwehr oder die Fragen des anderen, hascht nach Effekten und Tricks, treibt

Bauernfängerei und vereinnahmt Menschen über ihre Köpfe und Herzen hinweg. Bezeichnend ist vor allen Dingen jene vertrackte Art, den anderen in seinen religiösen Überlegungen und in seiner Frömmigkeit haargenau so haben zu wollen, wie wir sind – als ob Gott Schablonen statt Originale geschaffen hätte!

Jesus ist so mit Menschen nicht umgegangen. Auch von ihm haben sich schon zu seinen Erdenzeiten viele abgewandt, und er hat sie ziehen lassen.

Bei Franziskus war es nicht anders, er lebte in einer evangeliumsgemäßen Weise tolerant gegenüber seinen Mitmenschen. Er nahm ihr Anderssein vollkommen ernst. Begegnete er Christen, die auf andere Weise als er ihres Glaubens lebten, so freute er sich wie ein Kind und dankte Gott für diese Begegnungen. Traf er auf Menschen mit unbußfertigem Stolz, so bezeugte er seinen Glauben, der sich ja in der Liebe auswirkt und nicht in der Verachtung oder Herabsetzung des anderen. «Intolerant» hingegen war er im Verfolgen seines eigenen Weges. Hierin zeigte er sich unbeirrbar.

Als sich viele Menschen von Jesus abwandten, machte sich Petrus zum Sprecher derer, die wußten, wohin sie gehörten: Herr, wohin sollen wir gehen? Es gibt so viele Wege, aber du bist der Weg. Franziskus hat diese Antwort auf seine Weise formuliert: Deus meus, omnia mea; mein Gott, mein Alles.

Er war zutiefst davon überzeugt, daß Gottes Reich auf Erden nur wächst, wenn Menschen von der Liebe Gottes bis ins Innerste überwunden werden. Dieser Liebe hat er sich verschrieben, weil er ein Überwundener war.

7. *Von der Versöhnung*

So bitten wir nun an Christi Statt: Lasset euch versöhnen mit Gott. (2. Korinther 5,20)

Jede Störung menschlicher Beziehungen ist ein Anzeichen dafür, daß die Beziehungen zwischen Mensch und Gott gestört sind. Denn würden wir uns wirklich als die Kinder des Einen Vaters verstehen, wir lebten untereinander in dem Frieden, den wir so schmerzlich vermissen.

Konflikte und Mauern sind Alarmzeichen, mit denen sich Menschen nicht abfinden. Sie leiden darunter. Die Welt und unsere unmittelbare Umgebung ist reich an Konflikten, und immer wieder gibt es Menschen, die sich um Gottes willen nicht damit abfinden können. Allerdings gibt es auch einen faulen Frieden; der wird durch heilsame Konflikte gestört. Es gibt Konflikte, die um des Friedens willen entstehen. Das ist aber nicht die Regel. Im allgemeinen ist der Haß der Vater der Konflikte.

Der christliche Glaube ist kein Allheilmittel. Die Gleichungen dieser Welt oder besser gesagt: die Ungleichungen des Lebens gehen nicht damit auf, daß wir Christen sind, werden oder bleiben. Wir können diese Welt nicht zurückverwandeln in ein Paradies. Manchmal können die Konflikte, in die wir unausweichlich hineingestellt sind, das Kreuz bedeuten, von dem Jesus erwartet, daß wir es auf uns nehmen. Wenn es wirklich das Kreuz ist, das Jesus meinte, werden wir auch die Kräfte dazu verliehen bekommen, Konflikte auszuhalten.

Daneben gibt es aber in unserer unmittelbaren Umgebung ständig Konflikte, die wir lösen können. Die Voraussetzung dazu ist das Christusrecht, aus dem wir leben können, das uns erlaubt, uns nicht mehr nur um uns selbst drehen zu müssen. Wer noch um seine eigene Selbstbehauptung mit Menschen rechten muß, damit er bestehen kann, ist noch nicht versöhnt mit Gott. Wer zutiefst davon überzeugt ist, daß Gott uns in Ewigkeit Recht schafft, der hat alle Kräfte frei, Konflikte zu entschärfen. Er kann sich rückhaltlos einsetzen.

Aus der Versöhnung, die Gott schenkt, folgt Versöhnung, die wir stiften. Der Raum der Versöhnung kann ebenso wachsen wie der Raum des Hasses.

In einer denkwürdigen Parallele werden von Franziskus wie von Luther gegen Ende ihres Lebens besonders klare Zeichen christlicher Versöhnungsbereitschaft überliefert.

In Assisi war es zu einem unüberbrückbar scheinenden Zerwürfnis zwischen Bürgermeister und Bischof gekommen. Der Bischof erhielt keine Abgaben mehr von der Stadt, der Bürgermeister wurde exkommuniziert. Die Atmosphäre in der Stadt war vergiftet. Franziskus erregte dieser unmenschliche Zustand. Er zog mit einigen seiner Anhänger vor den bischöflichen Palast, lud den ganzen Magistrat ein und sang mit seinen Freunden die eigens für diesen Anlaß gedichtete Strophe aus dem Sonnengesang: «Gelobet seist du, mein Herr, durch jene, die dir zuliebe Verzeihung gewähren ...» Danach, so hieß es, nahmen die Zerstrittenen wieder Verhandlungen auf und kamen zu einer alle befriedigenden Regelung.

Als Luther 1546 nach Mansfeld gerufen wurde, waren die alten Spannungen zwischen den mansfeldischen Grafen so unerfreulich, daß kein vernünftiger Mensch mehr zu hoffen wagte, dieser fatale Dauerzustand könne einmal durch Annäherung der verfeindeten Familien ein Ende haben. Luther setzte sich schonungslos ein, obwohl er schwerkrank war. Er hatte Erfolg. Das war sein letzter Dienst auf dieser Erde. Er starb noch am Verhandlungsort.

Nur Versöhnte können versöhnen.

VIII. DIE STADT AUF DEM BERGE

«Es kann die Stadt, die auf einem Berge liegt, nicht verborgen sein» (Matth. 5,14). Dieses Jesuswort klingt zunächst wie eine Binsenweisheit. Wie sollte sie verborgen sein, die hochgebaute Stadt, auf einem Bergkegel errichtet; sie ist doch weithin sichtbar!

Die Selbstverständlichkeit des Jesuswortes ist beabsichtigt. Sie nötigt zu einer ebenfalls beabsichtigten Antwort. Diese kann nicht anders als zustimmend lauten: Ja, so ist es, niemand kann das in Frage stellen.

Aber Jesus geht in seiner Gedankenführung noch einen Schritt weiter: «Man stülpt über ein Licht, das leuchten soll, nicht einen Eimer» (vgl. Matth. 5,15). Das wäre widersinnig. Immerhin ist ein solcher Unsinn denkbar. Denn – und auch das soll gesagt werden – das Selbstverständliche in der Welt ist nicht immer selbstverständlich. Leider nicht.

Jesus redete vorwiegend in Bildworten. Mit diesem Bildwort wollte er deutlich machen, was ein Kind Gottes für diese Welt ist und sein soll: eine nicht verborgen bleibende Existenz, durch die Gott hindurchleuchtet, ein Instrument, mit dem Gott sein Reich baut. Wo aber Gott am Werke ist, wird es konkret. Wir wissen nur deshalb von Gott, weil er nicht verborgen bleibt, sonst hätten wir allenfalls abstrakte Vermutungen. Gott aber tritt aus dem Raum des uns Unzugänglichen heraus und bedient sich menschlicher Existenzweisen, um heilend auf diese Welt einzuwirken.

Als Jesus mit seinen Anhängern eine auf einem Berg gebaute Stadt erblickte, erklärte er ihnen: So wenig man diese Stadt übersehen kann, so wenig könnt ihr verborgen bleiben, wenn ihr euch als das versteht, was ihr seid: Kinder Gottes, Licht der Welt. Dabei kommt es nicht auf eure Bildung an, nicht auf eure rhetorischen Fähigkeiten und auch nicht auf die Summe eurer Kräfte. Allein darauf kommt es an, wer euch bestimmt, wer eure Schritte lenkt, euer Verhalten prägt. Ihr seid Kinder Gottes, ihr müßt es nicht erst werden. Natürlich könnt ihr euch verweigern, so wie man einen Eimer über eine Lichtquelle stülpt. Das aber bedeutet größere Finsternis. Das wäre mehr als unvernünftig, es wäre verrückt.

Assisi, die am Hange des Rufino liegende Stadt, und das, was in dieser Stadt geschieht und erfahren werden kann, weist bezwingend auf dieses Jesuswort hin. Für uns Christen der Neuzeit ist nämlich gar nicht so selbstverständlich, was selbstverständlich sein sollte. Wir sind ja bescheiden. Wir sagen: Ich bin kein großes Licht. Was kann ich schon tun in der allgemeinen Finsternis, die sich in Ängsten und Ratlosigkeiten überall ausbreitet? Wir haben genug mit uns selbst zu tun und keine Kräfte frei.

Richtig daran ist, daß Gott keine Angeber gebrauchen kann, die brillieren mit glänzenden Reden und der Welt imponieren. Es geht nicht um mehr Leistung in unserem angestrengten Dasein.

Falsch daran ist, daß wir überzeugt sind, nur das zu sein, was wir aus uns machen, was wir geworden sind auf Grund unserer Bildung, unseres Erfolges oder unseres Scheiterns. Wir sind in jedem Falle mehr, als was wir auf Grund der Umstände, in denen wir leben, zu sein glauben. Das gilt für jeden Menschen. Es kommt nur darauf an, wer oder was uns letztlich bestimmt. Wir sind immer Kinder des Geistes, der uns regiert. Hier gibt es keinerlei Neutralität. Entweder werden wir bestimmt durch das Verhängnis, sterben zu müssen; oder wir werden regiert von der Freude ewigen Lebens, dessentwegen sich Gott in dieser Zeit vernehmbar macht. Daraus ergeben sich in beiden Fällen schwerwiegende Folgen.

Diesen Tatbestand erfahren wir täglich: Das Unterschwellige, das sich durch unser Verhalten mitteilt, ist alarmierend genug. Wir können schweigen aus Achtung vor dem anderen – wir können mit unserem Schweigen den anderen verachten. Oft ist uns das nicht bewußt. Wir können reden, und unser Gegenüber ist erquickt – wir können andererseits mit Worten töten, die Wortbildung Rufmord gilt wörtlich. Wir meinen sachlich zu sein und vermitteln Aggressionen. Hinterher sagen wir: Das habe ich nicht gewollt. Aber die Verletzung ist geschehen. Wir wissen es meistens selber nicht, wie wir wirken. Was uns im Innersten bewegt, Unzufriedenheit, Ärger, Freude, Ängste, die uns vielleicht gar nicht einmal mehr klar sind, alles teilen wir mit. Der uns beherrschende Geist setzt sich durch. Wie ein Mensch die Türe schließt, ob er laut oder leise redet, was die Augen verraten, ob er sich hektisch bewegt oder ruhig, jeder emotionale Schritt, jede spontane Tat überführt uns. Andere merken das besser als wir selber. Wir spüren, ob jemand bei der Sache ist oder uns nicht ernst nimmt. Das alles war Jesus im Grunde bewußt, längst bevor Psychologen darüber Methodisches erarbeiteten. So sagt er seinen Anhängern: Ihr könnt der allgemeinen Zersetzung entgegenwirken. Gott gibt euch die Voraussetzungen dazu: Ihr seid Kinder des Lichtes. Das setzt ein neues Bewußtsein voraus, sich und andere zu verstehen. Vor allen Dingen schließt die Aussage Jesu und deren Bejahung durch uns die Erkenntnis ein, daß wir auch dann einen Sinn repräsentieren, wenn wir ihn nicht mehr formulieren können. Denn das Sein eines in Gott verwurzelten Menschen drückt sich aus über alles Sagen und Verstehen.

Martin Buber drückt es einmal so aus: «Was erwarten wir, wenn wir verzweifelt sind, und doch noch zu einem

Menschen gehen? Wohl eine Gegenwärtigkeit, durch die uns gesagt wird, daß es ihn dennoch gibt, den Sinn.»

Mit dieser *Gegenwärtigkeit* rechnen wir, wenn wir uns in letzter Not an einen Menschen unseres Vertrauens wenden. So etwas geschieht täglich in jeder Gesellschaft, und es geschieht auf eine sehr merkwürdige Weise. Jeder Seelsorger macht hier seine Erfahrungen. Oft kommen nämlich Menschen in ihrem Betroffensein zu anderen, und sie werden auf Grund ihrer Bildung und ihrer Kenntnis des christlichen Glaubens verbal nichts Neues hören. Da gibt es keinen Ratschlag, den sie sich nicht hätten selber geben können. Sie hören von keinen Möglichkeiten, die sie nicht selber gründlich durchdacht haben. Trotzdem gehen sie vielfach gestärkt aus solchen Gesprächen nach Hause. Es gibt sogar Erfahrungen, wo der Aufgesuchte gar nichts sagt, er ist ganz Ohr, während der Besucher wie eine sprudelnde Quelle seine Not ausspricht und sich anschließend für das Gespräch bedankt. Es kommt auf die Gegenwärtigkeit an, die durch uns hindurchwirkt und dem anderen mitteilt, «daß es ihn dennoch gibt, den Sinn.»

Es wäre also verfehlt, einen sich in seiner Not an uns wendenden Menschen wegzuschicken mit der Begründung, wir könnten ihm doch nichts sagen, was er nicht selber schon wüßte. Das hieße, um den Gedanken Jesu aufzunehmen, einen Eimer über das Licht zu stülpen. Über das Licht, das wir nach Gottes Willen verkörpern, weil er durch uns hindurchstrahlen will. Sinnfindung geschieht mehr durch ein Sein als durch Wissen allein.

Ich erspare es dem Leser, Zeugnisse des Ungeistes anzuführen, der sich ebenso mitteilt und der allgemeinen Zersetzung Bahn bricht. Wer davon überzeugt ist, es gäbe lebensunwertes Leben, der wird das mit seiner ganzen Existenz ausdrücken. Auch wenn er schweigt. Wer von bestimmten Menschen spricht wie von Insekten, sollte sich im klaren darüber sein, daß er den Geist von Auschwitz verbreitet. Er wird zur Finsternis seinen destruktiven Beitrag leisten, ob er es wahrhaben will oder nicht.

Die Sinnhaftigkeit in dieser Welt läßt sich nicht beweisen oder erklären. Alle Versuche, der Welt, in der wir leben, arbeiten, glücklich sind, leiden und sterben müssen, einen ausschließlich innerweltlichen Sinn beizulegen, scheitern an der Unwiederbringlichkeit alles Irdischen. Wer sich durch Christus darin bestärken läßt, daß es allein sinnvoll ist, vertrauensvoll mit dem Vater alles Geschaffenen zu rechnen, der kann das zwar auch nicht beweisen. Denn Liebe und Vertrauen sind immer größer als das, was es zu beweisen gilt. Aber eine in diesem Vertrauen gewagte Existenz wird verstanden. Sie bleibt nicht verborgen, sie ist sichtbar von weither wie die auf dem Berge liegende Stadt. Am Leben des Heiligen Franziskus von Assisi wird die Aussage Jesu plastisch deutlich. Aber nicht nur bei ihm.

Die römisch-katholische Kirche hat im Laufe der Geschichte Menschen, durch die Gott in besonderer Weise gewirkt hat, heiliggesprochen. Die aus der Reformation erwachsenen Kirchen haben sich gegen ein solches Denken gestellt und in Übereinstimmung mit dem Evangelium erklärt: Die Getauften bilden die Gemeinde der Heiligen.

Es kann jetzt nicht darum gehen, theologisch das Für und Wider der angedeuteten Standpunkte darzulegen. Es kommt mir darauf an, das herauszustellen, was in keiner der großen Konfessionen in Frage gestellt wird: Das Wesen der von Gott zu einem besonderen Dasein berufenen Menschen ist auffällig, es weist über den Tag hinaus. Das ist bei Franziskus so, und das ist bei Luther nicht anders. Wir tun gut daran, die Erinnerung an die besonderen Werkzeuge Gottes in der Geschichte zu pflegen.

Denn warum ist es dazu gekommen, daß von seiten der katholischen Kirche und dann tief ins Volksbewußtsein eingebettet die Erinnerung an bestimmte Männer und Frauen wachgehalten wurde und sich überhaupt über die Zeiten hinaus wachhalten ließ? Nicht wegen ihrer Leistungen. Auch nicht wegen ihrer Verzichte, ihrer Konsequenz im Glauben oder ihres Märtyrertodes, der oft über sie gekommen ist wie ein Verhängnis. Einzig und allein deswegen sind sie unvergessen, weil Gott durch sie in besonderer Weise gewirkt hat und wirkt. Deswegen sind sie aktuell, denn es kann an ihnen abgelesen werden, wie Gott sich mitteilen will.

Natürlich gibt es in der katholischen Kirche auch heute noch Formen der Heiligenverehrung, die uns unangemessen erscheinen. Andererseits ist es geradezu gefährlich, wenn die evangelischen Kirchen das Gedenken an die herausgehobenen Glieder der Kirche überhaupt nicht mehr pflegen. In diesem aufgeklärten 20. Jahrhundert sind mehr Christen ihres Glaubens wegen verfolgt worden und umgekommen als in allen Jahrhunderten der Christenheit zusammengenommen. Es gibt eine Fülle von Zeugnissen, die Licht in tiefster Dunkelheit bedeuteten, und wir nehmen sie wenig oder gar nicht zur Kenntnis. Zwar ist auch das richtig: Gott wirkt durch unendlich viel mehr Menschen, als bekannt wird, und nicht jeder Nachfolger Jesu Christi ist zu einem besonderen Dienst gerufen, der über die Zeit hinausragt. Man wird wohl auch sagen dürfen, daß niemand, von dem Gott es nicht will, in dieser Welt vergessen wird. So ist es kein Zufall, daß Augustin stärker nachwirkt als Karl der Große, Franziskus mehr als Barbarossa, Luther als Bismarck, Albert Schweitzer mehr als Hitler. Die großen Zusammenhänge der Geschichte machen im Rückblick klar, wer mehr Licht in die Verhältnisse gebracht hat, die Dienenden oder die Herrschenden.

Gott wirkt durch uns hindurch. Das ist das Wesen der Heiligen. So ist es keine Binsenweisheit, wenn Jesus sagt:

«Es kann die Stadt, die auf dem Berge liegt, nicht verborgen sein.» Oder: «Wer an mich glaubt, wie die Schrift sagt, von des Leibe werden Ströme des lebendigen Wassers fließen» (Joh. 7,38).

Dieser Gedanke, in der ganzen Christenheit lebendig, wird in der Praxis äußerst kümmerlich in die Tat umgesetzt. Wir sehen zwar, wie Wüste wächst, und gestehen unsere Ohnmacht ein; wir versuchen mit noch mehr Anstrengung, noch mehr Phantasie, noch scharfsinnigeren Methoden irgend etwas auszurichten. Damit ruinieren wir uns und kommen nicht zum Frieden.

Von Assisi, der Stadt auf dem Berge, wurde gesagt, daß sie mehr einen Zustand bezeichne, als nur einen geographischen Ort. Dort können wir zwischen all den betriebsamen Menschen, die sich durch nichts von der Hektik unseres Alltags unterscheiden, Christen treffen, die nichts ‹machen› wollen. Sie wollen nur etwas sein. Sie versuchen das, was sie aus Gottes Wort entnehmen, in die Tat umzusetzen. Besondere persönliche Ansprüche haben sie nicht. Sie haben Zeit. Sie brauchen nicht abgehetzt und überarbeitet hinter den Menschen herzurennen. Im Gegenteil: die Menschen kommen zu Tausenden, sie werden vom Licht angezogen, sie können wegweisende Eindrücke gewinnen. Gottes Wirken ist natürlich nicht auf Assisi beschränkt. Man wird alles, was hier hervorgehoben worden ist, auch anderswo finden können. Aber ich habe das, was erfrischendes, verlockendes christliches Leben sein kann, nirgendwo so deutlich erfahren wie in jener Stadt auf dem Berge.

Alle Finsternis hat ihr Recht verloren, wo Menschen nicht von sich aus leuchten wollen, sondern wo sie sich bereit halten, daß Gott sie licht macht. Sie sehen die Welt aus einer anderen Perspektive. Sie leben aus den Kräften des Evangeliums, sie können austeilen. Der seelisch unterernährte Mensch in der Leistungsgesellschaft flieht zu Yoga und Transzendentaler Meditation, weil er die Kraftquellen des Evangeliums einfach nicht mehr sieht. Er flieht aus lauter Not. Er flieht, weil Christen sich verängstigt zurückziehen, den Eimer über ihr Licht stülpen oder in einem zermürbenden Arbeitsrhythmus keine Zeit mehr für wesentliche Dinge haben. Es ist so wenig Verlockendes an den meisten Christen unserer Tage. In Assisi machen wir umgekehrte Erfahrungen. Das liegt daran, daß in dieser Stadt lebendig ist, was Jesus meinte, als er von der Stadt auf dem Berge sprach, die niemand übersehen kann. Wir sind nicht einer unberechenbaren Zukunft preisgegeben, sondern der Liebe Gottes in jeder Unberechenbarkeit der Welt ausgesetzt. Das mit unserem Leben zu bejahen, wäre Licht genug in allem, was uns umgibt.

LEBENSLAUF DES FRANZISKUS VON ASSISI

1182 Dem wohlhabenden Tuchhändler Pietro Bernardone
oder und dessen Ehefrau Donna Pica wird ein Sohn gebo-
1183 ren. Dieser Sohn wird in der Stadtkirche von Assisi,
San Rufino, auf den Namen Johannes getauft. We-
gen francophiler Neigungen des Vaters wird das
Kind später Francesco genannt.

1200 Die Zeiten sind unruhig. Nach dem Tode Kaiser
Heinrichs VI. (1197) erfolgt nach einem Jahr die
gleichzeitige Wahl zweier deutscher Kaiser: Philipp
von Schwaben als Repräsentant der Hohenstaufen
kämpft mit allen Mitteln gegen Otto von Braun-
schweig, den Repräsentanten der Welfen. Kriegeri-
sche Auseinandersetzungen werden vor allen Din-
gen in Italien ausgetragen. Bei diesen militärischen
Unternehmungen ist Franziskus beteiligt.

1202 Während der Kämpfe um die Vormachtstellung in
Umbrien gerät Franziskus in Porta San Giovanni in
Gefangenschaft und wird ein Jahr lang in Perugia
eingekerkert. Nach seiner Entlassung erkrankt er,
ihn ergreift eine tiefe Skepsis gegenüber allen weltli-
1206 chen Unternehmungen. Er flieht aus seinem Eltern-
haus in das vor den Toren der Stadt gelegene baufäl-
lige Kloster San Damiano, dort empfängt er die gött-
liche Weisung, das Haus Gottes wiederaufzubauen,
das vom Verfall bedroht ist. Er versteht diesen Auf-
trag zunächst wörtlich und beginnt mit Maurerar-
beiten. In diese Zeit fällt der radikale Bruch mit
seinem Elternhaus. Franziskus verzichtet auf sein

Erbe. Nach einer Zeit meditativer Klärung und tatkräftiger Maurerarbeiten an der ihm von den Benediktinern vom Monte Subasio überlassenen kleinen
1209 Waldkapelle, der Portiuncula, steht ihm sein zukünftiger Weg klar vor Augen: Er wählt die Armut zu seiner Braut und entschließt sich zur radikalen Nachfolge Jesu Christi. Dabei wendet er sich vorbehaltlos den Armen und Elenden zu. Viele junge Männer folgen seinem Beispiel. Das gemeinschaftliche Leben führt zur Ordensgründung.

1210 Darum begeben sich Franziskus und einige seiner Brüder nach Rom und erwirken von Papst Innozenz III. die offizielle Anerkennung der Ordensregel.

1212 Die Bewegung breitet sich sehr schnell aus. Es entsteht der weibliche Orden, geführt von Clara Offreduccio (geb. 1197), die sich mit ihrer Schwester Agnes und anderen meist vornehmen Frauen aus Assisi in strenge Klausur begibt. Franziskus sorgt dafür, daß den Schwestern das Kloster San Damiano zugewiesen wird, und wirkt beratend bei der Entstehung des sogenannten 2. Ordens mit.

1214 Der missionarische Gedanke führt ihn zu der Erkenntnis, das klösterliche Leben nur von Zeit zu Zeit zu pflegen, um sich geistlich zuzurüsten, ebensooft durchzieht er die Welt, um zur Buße und zur Bekehrung zu rufen. Eine Missionsreise nach Marokko wird in Spanien aus Krankheitsgründen abgebrochen.

1215 Eine Trennung von der Kirche, mit der er sich wegen seines radikalen Nachfolgegedankens in Spannung befindet, lehnt er entschieden ab. Er nimmt am Laterankonzil teil und trifft mit Dominikus, dem Grün-
1217 der des Predigerordens, zusammen. Außerdem muß

er nun stark organisatorisch wirken: Der Orden ist so groß geworden, daß eine Einteilung in Provinzen notwendig wird.

1219 Bei seiner Missionsreise nach Ägypten versucht er vergeblich, das Land für das Christentum zurückzugewinnen. Da Franziskus sehr viel unterwegs ist und außerdem von schweren Krankheiten heimgesucht,
1221 wird ein Stellvertreter ernannt. Elias von Cortona macht nun seinen Einfluß geltend und versucht, das
1223 radikale Armutsideal abzuschwächen. Franziskus arbeitet indessen an der endgültigen Fassung der Ordensregel, die vom Papst anerkannt wird.

1224 Auf dem Alvanerberg empfängt er die Wundmale Christi. Seine Leiden nehmen zu, es droht ihm die
1225 völlige Erblindung. Er wird in San Damiano von den Schwestern gepflegt. In dieser Zeit entsteht der «Sonnengesang». Bald darauf stirbt Franziskus in Portiuncula nach einem Leben in vollkommener Armut und bedingungsloser Nachfolge Jesu Christi.

1226 Sein Todestag ist der 3. Oktober. In der eigens für ihn gebauten Kathedrale San Francesco liegt er begraben. Zwei Jahre später wird der Poverello, der
1228 kleine Arme, heiliggesprochen.

DER SONNENGESANG DES FRANZISKUS

Allerhöchster, alles vermögender, guter Herr.
Dein sind Loblieder, Ruhm und Ehre
Und jede preisende Rede.
Dir gehören sie, Höchster, allein.
Kein Mensch ist wert, dich zu nennen.

Gelobet seist du, mein Herr,
Mit allem, was du geschaffen,
Mit unserer Herrin besonders, der Schwester Sonne.
Der Tag ihre Wohnung. Uns leuchtet durch dich ihr Licht.
Und wie schön, sie zu sehen!
Und prächtig, mit mächtigem Glanze
Von dir, o Höchster, darf tragen
Sie sinnbildliche Male.

Gelobet seist du, mein Herr,
Durch Bruder Mond und die Sterne.
Am Himmel hast du sie gebildet
So klar und so kostbar und hehr.

Gelobet seist du, mein Herr,
Durch Bruder Wind
Und durch heitere Luft und Gewölk
Und die Wetter wie immer sie sind,
Durch welche du deinen Geschöpfen Erhaltung bestimmst.

Gelobet seist du, Herr,
Durch Schwester Wasser, das ja
So dienlich und demütig
Und keusch ist und kostbar.

Gelobet seist du, mein Herr,
Durch Bruder Feuer.
Durch ihn du erleuchtest die Nacht.
Und wie schön ihn zu sehn
So fröhlich, widerstandskräftig und stark.

Gelobet seist du, mein Herr,
Durch die Schwester, unsere Mutter Erde.
Sie ists, die uns lenkt und ernährt,
Die züchtet vielerlei Früchte
Mit bunten Blumen und Gräsern.

Gelobet seist du, mein Herr,
Durch jene die dir zuliebe
Verzeihung gewähren
Und Krankheit dulden und Mühsal,
Selig jene, die ausharren in Frieden,
Denn von dir, Allerhöchster, werden sie gekrönt.

Gelobet seist du, mein Herr,
Durch den Bruder, unsern Tod,
Der vom Leibe uns scheidet.
Kein lebender Mensch entrinnt ihm.
Weh jenen, die hinsinken in Todes Sünden! –
Doch selig jene, die er findet
In deinem allerheiligsten Willen,
Denn der Tod ewiger Not tut ihnen kein Leides.

O lobet meinen Herrn, lobsinget ihm!
Und danket ihm in Ehrfurcht
Und dienet ihm in tiefgläubiger Demut!

(Übersetzung nach Erhard-W. Platzeck)

ZITATE AUS FOLGENDEN BÜCHERN

Reinhold Schneider, Der christliche Protest, Arche-Verlag Zürich, S. 142f.

Heinrich Böll, Assisi, Knorr und Hirth-Verlag 1962 S. 11

M. Buber, Werke, Lambert und Schneider-Verlag, Heidelberg 1962, Bd. I. S. 187

LITERATURHINWEISE ZUR EINFÜHRUNG

Johannes Jörgensen, Der hl. Franz von Assisi, München 1952.

Alfons Rosenberg (Hg.), So spricht Franz von Assisi, München-Planegg 1955.

David Knowles, Saints and Scholars, Cambridge 1963.

The Life and Times of St. Francis, London 1967.

Walter Goetz, Italien im Mittelalter, Bd. 1, Leipzig 1942.

Wolfram von den Steinen, Menschen im Mittelalter, Bern 1967.

G. C. van Niftrik, Menschheit im Fortschritt, Neukirchen 1969.

Gerhard Rubach (Hrsg.) · Meditation

Versuche – Wege – Erfahrungen

112 Seiten, kartoniert

Dieser Band gibt Auskunft über ein Symposium evangelischer und katholischer, medizinischer und theologischer Fachleute, das in der Pfingstwoche 1974 im »Haus der Stille« in Bethel stattfand. Dabei ergab sich eine erstaunliche Einmütigkeit im Gespräch sowie in der Beurteilung der Probleme und Chancen meditativer Einübung in den christlichen Glauben.

Otto Haendler
Meditation als Lebenswert und Dienst am Menschen

ca. 112 Seiten, kartoniert

Aus dem Inhalt: Wesen und Wege der Meditation: Entdeckung neuer Kräfte in uns / Der Alltag als Existenzfrage / Innere Unruhe / Meditation, Phantasie und Denken / Von Formeln zum Leben: Wir Heutigen als Brücke zwischen den Zeiten (P. Tillich) / Die »Verlorene Dimension« / Symb.-Erschließung / Die Welt des Glaubens in neuem Licht / Bibl. Gottesbild und »Innere Erfahrung« / Der Kompaß zur inneren Mitte: (Prakt. Hinweise zum Meditieren) / Erlebte Meditation (nach Tonbandaufzeichnungen)

Reinhard Deichgräber · Gott ist genug

Liedmeditationen nach Gerhard Tersteegen.

146 Seiten, kartoniert. (Gemeinsam mit dem Verlag Pustet)

Reinhard Deichgräber
Gotteshymnus und Christushymnus in der frühen Christenheit

Untersuchungen zur Form, Sprache und Stil der frühchristlichen Hymnen
251 Seiten, kartoniert. (Studien zur Umwelt des NT, Band 5)

VANDENHOECK & RUPRECHT · GÖTTINGEN/ZÜRICH

Roland H. Bainton

Erasmus

Reformer zwischen den Fronten
Aus dem Amerikanischen von Elisabeth Langerbeck
301 Seiten mit 66 Abb., Leinen DM 38,–

»Erasmus von Rotterdam: den Katholiken ein Lutherfreund, den Protestanten ein Papist, – für andere der weise Humanist, – das sind wohl gängige Vorstellungen. Erasmus war anders. Seine ›Mitte‹ war eine originäre Position, für die er sich engagiert hat. Er ist gescheitert, und die Folgen sind über Deutschland und Europa gekommen. Heute wird mehr aus der ökumenischen Konvergenz der Theologen und Christen als aus dem fragwürdigen Kartell der Kirchen deutlich, daß Erasmus von allem Anfang an da stand, wohin wir heute unterwegs sind. Es ließe sich viel von ihm lernen, auch in der Eskalation politisch-sozialer Grundgegensätze, die unser Jahrhundert zu zerreißen droht. Die Hoffnung, ein neuer Erasmus werde mehr Verständnis finden, ist gering. So müssen wir uns doch vom alten Erasmus den Spiegel vorhalten lassen. Das besorgt Bainton nicht deutsch-ingrimmig, sondern angelsächsisch-locker.« *Walter Dirks*

Roland H. Bainton

Martin Luther

Aus dem Amerikanischen von H. Dörries
6. neubearb. Aufl. 1967. 338 Seiten, 84 Abb. und
4 Kunstdr.-Tafeln, Leinen

Das Besondere dieser Lutherbiographie ist: Die souveräne Sachkenntnis ihres Verfassers, des amerikanischen Reformationshistorikers Roland H. Bainton; seine Distanz als Nichtlutheraner und Ausländer; seine Konzentration auf den Menschen Luther; seine große schriftstellerische Darstellungsgabe, die auch in der Übersetzung wirksam bleibt; das historische Kolorit der zahlreichen zeitgenössischen Abbildungen.
»Man möchte das neue Buch, seinen religiösen Ernst, seine historische Gerechtigkeit, aber auch die fruchtbaren Vereinfachungen des amerikanischen Verfassers nicht entbehren. Dieses im besten Sinne populäre Buch wird viele Leser finden.« *Hermann Heimpel*

VANDENHOECK & RUPRECHT · GÖTTINGEN/ZÜRICH